人才盘点

精准掌控人才，盘出企业人效

王晓均　包桂华 ◎ 编著

中国铁道出版社有限公司
CHINA RAILWAY PUBLISHING HOUSE CO., LTD.

北　京

图书在版编目（CIP）数据

人才盘点：精准掌控人才，盘出企业人效 / 王晓均，包桂华编著. -- 北京：中国铁道出版社有限公司，2024. 11. -- ISBN 978-7-113-31527-6

Ⅰ．F272.92

中国国家版本馆CIP数据核字第202489G0N8号

书　　名	：人才盘点：精准掌控人才，盘出企业人效 RENCAI PANDIAN：JINGZHUN ZHANGKONG RENCAI，PANCHU QIYE RENXIAO
作　　者	：王晓均　包桂华

责任编辑	：王　宏	编辑部电话：（010）51873038	电子邮箱：17037112@qq.com
封面设计	：宿　萌
责任校对	：刘　畅
责任印制	：赵星辰

出版发行：中国铁道出版社有限公司（100054，北京市西城区右安门西街8号）
印　　刷：三河市国英印务有限公司
版　　次：2024年11月第1版　2024年11月第1次印刷
开　　本：710 mm×1 000 mm　1/16　印张：14　字数：190千
书　　号：ISBN 978-7-113-31527-6
定　　价：69.80元

版权所有　侵权必究

凡购买铁道版图书，如有印制质量问题，请与本社读者服务部联系调换。电话：（010）51873174
打击盗版举报电话：（010）63549461

为什么要进行人才盘点？

从企业战略发展来说，在消费市场快速发展的今天，企业快速扩张的同时也需要大量可用人才担负起扩张业务，跟上市场的变化。因此，企业对人才的要求不仅是数量的增长，还有能力的升级。企业内部是否具备足够的人才储备是企业保持市场竞争力的关键，企业管理者只有做好人才识别、选拔和高潜人才培养，才能实现企业战略发展目标。

从人事管理角度来说，人才盘点可帮助管理者和人事工作者了解企业人力资源实际状况，做出具有前瞻性的人力资源规划。具体到日常工作上，盘点的结果可以直接应用于奖金分配、薪酬调整、培训计划制订、员工职业生涯规划、人才配置等。

当企业面临以下三个问题，启动人才盘点势在必行。

人力资源不清：业务扩张，有谁可用？

没有高端人才：研发创新，谁来领导？

人才价值不高：高潜人才，如何培养？

为此，作者创作了本书。通过对该书的阅读，读者可以了解人才盘点的整体流程和操作要点。

全书共七章，可大致划分为三部分。

第一部分为第一至三章，介绍了人才盘点的前期准备工作。首先介绍了人才盘点的重要性，接着从人才数量需求和人才标准两方面定位企业人力资源的规划方向，详细介绍了人才定编方法、人才平衡规划、人才运营要点和胜任力模型等内容。

第二部分为第四至五章，该部分为人才盘点实操解析，主要介绍人才测评技术、人才盘点工具、组织人才盘点校准会、绘制人才地图，让读者了解人才盘点工作的要点，并学会使用工具。

第三部分为第六至七章，主要介绍人才盘点结果的相关运用，包括人才招聘与裁减、人才短期激励和长期激励等内容。

本书的优势在于对人才盘点流程的清晰梳理，通过实用范例、知识拓展和图示表格展示人才盘点过程中的要点内容，各式各样的表现形式也能让读者更易理解相关知识。

最后，希望所有读者都能从本书中学到需要的知识，快速上手人才盘点工作，科学规划企业人力资源。

编　者

2024 年 5 月

第1章 人才盘点，让潜在人才浮出水面

1.1 人才盘点为什么越来越重要 2
1.1.1 乌卡时代的人力资源困境 2
1.1.2 认识人才盘点的价值 3
1.1.3 人才盘点盘什么 4
1.1.4 人才盘点的常见误区 5

1.2 从战略的眼光看人才盘点 8
1.2.1 梳理战略目标，指路人才盘点 8
1.2.2 确定企业业务模式 9
1.2.3 是否具备关键组织能力 10
1.2.4 组织架构分析 12
1.2.5 组织架构多样设计 16
1.2.6 人才盘点与组织盘点的联系 21
1.2.7 组织盘点的工具 24
实用范例 五星模型实例应用 25
1.2.8 关键岗位人岗匹配 29

第2章 人才需求规划，实现企业战略的前提

2.1 常见的人才数量规划方法 32
2.1.1 劳动效率定编法 32
实用范例 劳动效率定编计算 32
2.1.2 回归分析定编法 33
实用范例 用 Excel 进行一元回归定编 34
2.1.3 工作分析定编法 38
2.1.4 标杆对照定编法 41
实用范例 对照标杆企业编制员工人数 41
2.1.5 预算控制法 42
实用范例 预算与员工人数的控制关系 43
2.1.6 人员配比定编法 43
实用范例 通过人员配比定编法计算有关岗位人数 45
2.1.7 马尔科夫转移矩阵法 45
实用范例 通过状态转移测算人员数量 46
2.1.8 德尔菲法 47
实用范例 企业人才需求调查问卷（第一轮） 47

2.2 如何操作人才数量规划 50
2.2.1 层层定编，有序规划 50
2.2.2 调整规划员工数量达到平衡 52
实用范例 ××企业人才数量平衡调整 53

第3章 用人标准，构建操作基石

3.1 人才盘点运营的要点 56
3.1.1 人才盘点运营的角色分工 56

3.1.2　人才盘点操作基本流程——准备工作 57
       实用范例 人才盘点管理制度 58
  3.1.3　人才盘点操作基本流程——评估工作和结果运用 62
3.2　**人才标准描绘人才** 63
  3.2.1　人才标准的几大误区 63
  3.2.2　搭建人才标准框架 65
3.3　**胜任力模型搭建方式** 66
  3.3.1　行为事件访谈法 66
       实用范例 胜任力模型访谈提纲（销售岗位） 69
  3.3.2　问卷调查法 72
       实用范例 销售经理岗位胜任力调查问卷 72
  3.3.3　评价中心法 76
       实用范例 拟任××贸易公司人事部副总 76
       实用范例 角色扮演处理工作事件 79
3.4　**认识胜任力模型** 80
  3.4.1　构建模型步骤 80
  3.4.2　等级模型 81
  3.4.3　关键行为模型 84
       实用范例 某公司员工通用素质能力手册 85

第4章　测评工具，对人才深入了解

4.1　**人才盘点测评技术** 90
  4.1.1　人才测评的基本流程 90
  4.1.2　人才测评的基本内容 94
  4.1.3　行为面试测评 96

4.1.4 心理测验测评 98
　　　实用范例 人才心理测评试题 100
4.1.5 问卷调查测评 103
　　　实用范例 问卷调查人才测评 103
4.1.6 360 度测评全方位评估 105
4.1.7 人才性格测评深入了解 109

4.2 利用有效的人才盘点工具 116
4.2.1 绩效 - 潜力矩阵 116
4.2.2 学习力（潜力）评价表 118
4.2.3 工作量分析及效能提升表 121
4.2.4 ATD 人才发展能力模型 122
　　　实用范例 在 ATD 官网进行测评 122
4.2.5 与时俱进，利用人才盘点系统 124

第 5 章　人才盘点校准会，企业内部的培训活动

5.1 人才盘点校准会三大要素 129
5.1.1 人才盘点校准会的筹备资料 129
5.1.2 确认人才盘点校准会的参与人员 130
5.1.3 设计人才盘点校准会的议程 131

5.2 人才盘点校准会操作指南 133
5.2.1 人才盘点校准会基本原则 133
5.2.2 人才盘点校准会的准备工作和收尾工作 134
5.2.3 选择合适的会议讨论形式 136
5.2.4 人才盘点校准会的注意事项 137
5.2.5 人才盘点校准会后的九宫格地图 138

5.2.6　组织结构式人才地图 140
5.2.7　人才梯队图 142
5.2.8　继任人才地图 143

第6章　人才发展计划，释放人才潜力

6.1　对继任者进行培养 147
6.1.1　认识人才培养的基本需求 147
6.1.2　学会挖掘中基层的"潜力股" 147
实用范例 某企业基层员工培训计划 148
实用范例 某企业内部导师制度 150
6.1.3　关键岗位要有后备军 151
实用范例 关键岗位人才储备培养方案 153
6.1.4　业绩不佳，重点培训 156
6.1.5　提早培养高管 157
6.1.6　高管继任计划的制订 158
实用范例 经理人反馈计划调研问卷 160
实用范例 中高层管理者继任计划方案 162

6.2　专门培养有价值的人才 165
6.2.1　专门的人才个人发展计划 165
6.2.2　设计绩效改进计划 168
实用范例 绩效改进与提升制度 171
6.2.3　普通员工的个性化培养 174
实用范例 某企业通过行动学习培训员工 175

6.3　建立人才库储备各类人才 176
6.3.1　建立人才库基本步骤 176
6.3.2　智能的人才库搭建系统 178

第 7 章　结果运用，人才盘点作用多

7.1 人才招聘与人员裁减 ... 181
7.1.1 精准招聘做到人岗匹配 ... 181
实用范例 某企业××年招聘工作实施方案 ... 182
7.1.2 合理裁员减小损失 ... 184
实用范例 某企业人员优化方案 ... 184
7.1.3 降低员工流失率 ... 187
实用范例 制度改善留住人才 ... 189
实用范例 离职面谈制度 ... 189

7.2 薪酬激励让人才找到价值 ... 191
7.2.1 做好人才定薪 ... 191
实用范例 定薪管理细则 ... 192
7.2.2 进行科学调薪 ... 195
实用范例 计算同职级员工 PR 值 ... 196
7.2.3 如何设计年终奖 ... 200
实用范例 年终奖发放设计 ... 200
实用范例 年终奖管理制度 ... 201

7.3 股权激励留住优秀人才 ... 203
7.3.1 确定股权激励的对象 ... 204
实用范例 股权激励对象的入选条件及筛选程序 ... 205
7.3.2 股权激励的额度应适度 ... 206
实用范例 股权激励计划 ... 207
7.3.3 股权激励的退出机制 ... 210
实用范例 退出机制的约定 ... 211

第1章

人才盘点，让潜在人才浮出水面

在市场竞争加剧的情况下，人力资源管理不再仅仅局限于招聘、薪资管理和绩效管理，如何精准定义人才、找到人才、培养人才，已成为企业发展不可忽视的一部分。因此，管理者需要利用人才盘点来定位企业发展所需的关键人才，为企业发展储备高级的人力资源。

1.1　人才盘点为什么越来越重要

为了合理利用人力资源，节约人力成本，企业对人力资源的管理越来越重视，毕竟人力资源是最原始的生产力。而在众多人力资源管理工具中，人才盘点渐渐进入管理者视野并获得青睐。为了更好地利用人才盘点这一工具，管理者需了解人才盘点的相关概念。

1.1.1　乌卡时代的人力资源困境

乌卡时代（VUCA 是 volatile、uncertain、complex、ambiguous 的缩写，四个单词分别是易变不稳定、不确定、复杂和模糊的意思）是指人们正处于一个具有易变性、不确定性、复杂性、模糊性的时代环境中。

企业在乌卡时代面临哪些人力资源困境呢？主要包括三点。

①人才流动加快，企业人才流失率变大。

②优秀的人才更多，市场对人才的竞争更加激烈，因此企业获取人才充满了不确定性。

③时代的快速发展导致企业对人才的要求更加模糊，很多企业甚至不确定选择人才的标准。

而这些困境都体现在了实际的人力资源管理工作中，企业若是不紧跟时代，很有可能在人才争夺战中失败，进而被淘汰，具体体现在如下一些方面。

①人才招聘。人才招聘的素质要求随着时代变化有了质的改变：在过去，招工更看重体力；到了现代社会则更看重经验、学历；在此发展之后，企业招聘转向对综合能力及胜任力的考察；现在为了应对市场环境的不确定性，企业更注重员工的潜力，有潜力说明有更强的学习能力，更能应对环境的改变。

②人才培养。很多企业对人才进行培养时，只注重培养一些工作技能，

使得员工虽能够处理眼前的工作，却很难为将来开辟道路。现如今，企业应将人才培养视为一个持续不断的发展过程，需要随着时代的变迁，及时让员工提早学习，从而推动企业不断发展。

③留住人才。过去一般通过薪酬和福利留住人才，现如今必须设计科学的员工激励机制，使员工对组织及工作的承诺最大化。

1.1.2　认识人才盘点的价值

人才盘点是一种评估和管理企业员工的方法，旨在确定组织中所有员工的技能、经验、特长和未来发展潜力，以保证拥有适合当前和未来业务需求的员工。

通过人才盘点，全方位评价各级人才、辨识人才，企业可以更清楚地了解员工的优势和劣势，让高潜人才浮出水面，更好地分配资源和管理人员。

对于企业的经营管理，人才盘点的价值主要体现在以下两方面，如图1-1所示。

战略层面

企业想要不断发展扩张，就要不断优化经营模式，把握住市场风向，而这必须以企业内部的人力资产为基准。企业内部是否有足够的人才储备，人才是否具备竞争力，是否有跨界人才，这对企业的发展和转型有至关重要的影响。在竞争越激烈的市场环境中，企业的战略目标越要长远，对人才的选拔与培养也越要着眼于未来，看到并重视人才的潜力，因此很有必要进行人才盘点

人力资源管理层面

人才盘点有助于企业管理者了解人力资源状况，进而做出对应的人力资源规划，契合企业的发展。同时，对重点人才、骨干人才的重点关注在薪酬分配、人岗匹配方面有辅助作用

图1-1　人才盘点的价值

> **知识扩展** 什么是高潜人才
>
> 高潜人才是在保持高绩效的同时具备领导意愿、取得成功的能力,以及对组织有着更高敬业度的人才。
>
> 高潜人才是与人才质量与结构有密切关系的人群,他们对组织战略的落地、业务的发展、梯队的优化与建设至关重要。因此,挖掘高潜人才,培养高潜人才,是企业巩固人力资产的一项重要工作。

1.1.3 人才盘点盘什么

未来市场中的稀缺资源不再是资本,而是优秀的人才,优秀的人才如何定义,管理者对人才进行盘点,究竟是在盘什么呢?

人才盘点的内容主要分为两大方面,具体见表1-1。

表1-1 人才盘点内容

分类		具体介绍
组织层面	盘点组织能力	了解员工工作意愿,评估企业组织能力及员工所具备的知识、技能和素质,判断是否允许员工自我发展,以及组织运行是否有效
	盘点组织架构	对企业当前的组织架构进行评估,了解部门、岗位、职能的有关配置是否合理,有没有缺失或冗余的部分,是否能满足企业发展的需要
	盘点组织业绩	对企业当前的业绩量、业绩目标完成情况、业绩增长率进行盘点、评估,了解各部门、各岗位的运转效率。如果企业效益没有达到预期,或各部门效益不平衡,企业要通过管理手段和工具,改变企业整体状况和人才配置
个人层面	人才工作绩效	对员工某段时间的工作业绩进行调查与评估,通过绩效对比,看到不同人才的差别
	盘点工作能力	对员工进行知识与技能测评,了解各人才的能力水平,找到人才的优势与劣势
	评估工作潜能	放眼未来,提前规划组织需求,设定潜能指标并评估,了解人才的能力发展速度是怎样的,为企业将来发展做好准备

续上表

分 类		具体介绍
个人层面	人员稳定性	人才是企业资产的一部分,人才的稳定就是企业资产的稳定,企业管理者应该了解哪些人才是稳定的,哪些人才是浮动的,对于忠诚度高的员工,企业要重点培养

1.1.4 人才盘点的常见误区

很多进行人才盘点的管理者都会走入一些误区,对人才盘点产生不正确的认识,从而导致人才盘点的结果不太有效,利用度也不高。在开始人才盘点前,管理者需先认识常见的操作误区,提前规避,才能提高操作的可行性。

(1)误区一:盘点目标不明确

企业管理者一定要认真考虑"为什么要进行人才盘点",而不是跟风操作,快速展开人才盘点,结果连一开始的初衷都忘了。由于人才盘点可能涉及全公司,因此参与策划的人员也不少,如何安排流程、操作人员,都需要提前规划,多问几个问题。

① 人才盘点的范围和对象有哪些?

② 为什么要进行人才盘点?人才盘点后的效果应该是怎样的?

③ 具体针对哪些方面进行人才盘点?与企业经营业务是否相关?

④ 人才盘点的时机如何选择?什么时候是最适合的?

⑤ 如何进行人才盘点?流程分几步?所用工具有哪些?如何制订具体的计划或方案?

一般来说,人才盘点的最终目标有三个,分别是选拔人才、储备人才和培养人才。目标不同,用人标准的设计也不同,具体见表1-2。

表 1-2　人才盘点目标与用人标准

盘点目的	用人标准	结果应用
选　拔	人才晋升的要求	编制晋升名单，后续设计主管培养计划
储　备	人才潜力指标	划分人才梯队，后续设计高潜人才培养计划
培　养	核心岗位要求	列出培训需求，进而设计人才培养体系

（2）误区二：没有重点，虚耗时间和成本

对于大中型企业来说，员工人数众多，组织人员多、数据多、分析难、部门协调难，做一次人才盘点非常不容易，或许管理者可以选择性地进行人才盘点。

根据二八原则，企业 80% 的价值是由 20% 的人才创造的，因此，重点关注核心岗位和领导岗位的人才盘点，会更加高效。用最少的精力获得最重要数据的人才盘点方式，不仅适合大中型企业，对刚起步的创业公司也非常适用。

（3）误区三：忽略组织盘点

受人才盘点概念的影响，很多管理者都将盘点工作的要点放在人才上，而忽略了人才所处的环境。这样即使发现了人才，制订了培养计划，也难以获取人才的基本价值，因为这些人才在组织中找不到自己的位置，企业也没有多余资源给他们。

管理者要通过人才盘点，创造更好的组织环境，发挥他们的潜能。因此在对员工进行评估调研时，一定不要忘记环境因素，了解环境因素对人才的影响程度，并借此改善组织环境。

对人才的工作效率进行考核的核心要素包括：完成任务的质量、完成时间、总工作量、工作流程合理性（组织环境因素）、员工学习能力……

（4）误区四：盘点结果运用不足

在走完人才盘点的流程后，管理者可以得到最终的盘点数据和结果，但如果不好好利用最终的结果，那么人才盘点也就失去了最大的意义。人才盘点的工作逻辑应该是"发现问题，解决问题"，如果只是大张旗鼓地推进工作，而员工的发展仍然受限，人才管理问题没有得到解决，久而久之，员工也会抵制和不理解人才盘点工作。

因此，在人才盘点后，管理者应该做好三件事。

①根据人才盘点的结果，做好有关人才计划。

②定期改进并调整计划，让有关人才真正受益。

③可以利用数据化工具，搭建成熟的人力资源管理系统，或借助专业的管理系统，落实计划工作。

（5）误区五：用人标准不清晰

企业对于期望的人才究竟应该达到怎样的标准，很多时候是不明确的，这样如何能盘点出企业想要的人才呢？错误的用人标准会导致错误的盘点方向，企业管理者要做好以下三点。

①很多用人标准难以紧密关联人才实际业务，只是纸上谈兵。比如某岗位需要有策划能力的人才，但却列出一堆无关紧要的用人标准，这样是在模糊人才选拔要求。

②用人标准精准评估，对于一些评价标准，管理者一定要找精确的打分点，才能得到精确的数据，不然用人标准就只是一个模糊的概念。

③人才标准的编制应该有的放矢，懂得取舍，把握要点，不必苛求完美人才。

（6）误区六：与员工没有交流

人才盘点的结果可以是数据、分数，但企业员工想要的不仅仅是一个数据或评分，如果不将结果与员工进行交流，那么人才很难觉得有参与感，也不会觉得受到企业的重视。因此，工作反馈是很有必要的。

（7）误区七：人事部一头热

人才盘点工作一般由人事部主导，但企业内各职能部门也要参与进来，重视人才盘点工作及结果，这样人才盘点工作才能发挥最大的价值。毕竟各部门想要什么人才，只有自己最清楚。

1.2 从战略的眼光看人才盘点

企业的管理工作与企业的战略发展目标息息相关，想要做好人才管理，首先要知道企业现在及将来需要的人力资源是什么，有了需求，才能为人才盘点指明方向。

1.2.1 梳理战略目标，指路人才盘点

现在的市场环境瞬息万变，无论是技术趋势、产业结构，还是竞争对手、销售渠道等都在加速变化中，企业要想不被市场抛下，必须在市场调查的基础上制定长期的发展目标，且在需要时进行改变。

企业在长期战略目标下，需要进一步制定近期目标（三到五年目标）和年度目标。根据所制定的企业年度目标、近期目标和远期目标，管理者可规划人才盘点的目标和计划。

由于制定目标的时期不同，战略目标的重点也有很大不同，进而会影响人才管理的重点，具体如图1-2所示。

总之，人才盘点的目标与企业战略目标应保持一致，管理者要依据战略目标和业务发展方向对人才素质提出要求。

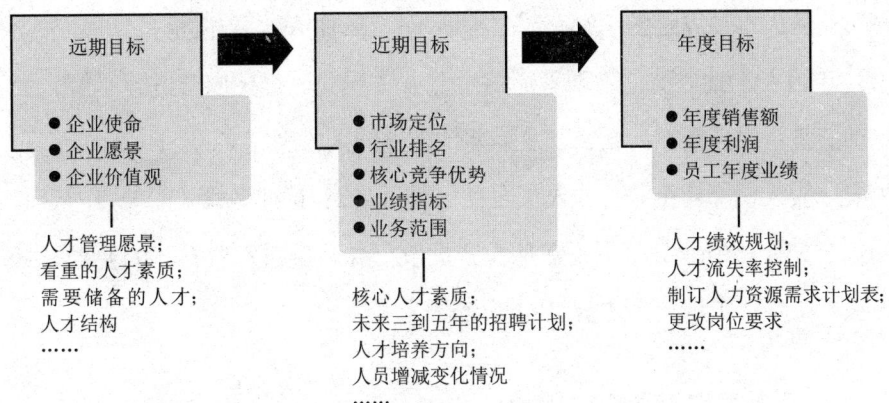

图 1-2　战略目标及人才盘点对比

1.2.2　确定企业业务模式

业务模式是指企业提供产品或服务的独特方式，这种模式的设定需要考虑客户的需求、企业成本、市场竞争程度、战略发展等因素。选择什么样的业务模式有不同的考量，具体包括六个方面。

①客户需求：客户是谁？客户的需求是什么？企业能为客户需求做些什么？

②业务范围：核心产品是什么？客户为什么选择这类产品和服务？可以满足客户的需求吗？

③竞争优势：业务或产品的优势在哪里？与其他产品和服务有相同的地方吗？获取利润的方式有哪些？

④合作关系：企业与其他公司有合作吗？在供应链中处于哪一环？在合作关系中是否占主导地位？

⑤经营风险：企业在提供产品或服务的过程中面临哪些风险？有对应的风险防范措施吗？

⑥业务成本：企业要承担的业务成本有哪些？成本各自的占比情况如

何？业务成本预算是多少？有无超标情况？超标的话，数值是多少？

开始人才盘点前，管理者需对企业业务模式的这些内容进行了解，会更加清楚企业需要做什么，以及需要什么样的人才来完成。

一般人事部与企业管理人员会举行研讨会，讨论业务模式的要点内容，如企业如何拓展业务范围，业务模式的改变如何推进？对人才的要求又是什么？一步一步把控人才盘点的要点。

1.2.3　是否具备关键组织能力

企业战略决定组织结构，组织随战略改变而改变，人才盘点首先要从组织盘点做起，具体步骤如下。

①第一步：规划好企业中长期战略目标，并逐一分解细化，便于组织内部职能部门实施。

②第二步：对能实现战略目标的关键组织能力进行分析，找到组织优化的要点和方向。

③第三步：通过关键组织能力判断关键岗位，定义关键人才，为人才盘点做好铺垫。

组织能力是指开展组织工作的能力，也指企业在与竞争对手投入相同的情况下，具有以更高的生产效率或质量，将其各种要素投入转化为产品或服务的能力。

组织能力包括企业拥有的反应效率和效果的能力，这些能力可以体现在企业从产品开发到营销再到生产的任何活动中。强大的组织能力具有竞争优势，使企业能从众多竞争对手中脱颖而出。

企业的组织能力依靠组织结构展示，体现在通过不同职能部门让员工完成组织内部的各项工作任务。因此，建立组织结构并规定组织内部的员工职责，能够提升组织能力产生的效益。

组织能力主要由三大维度决定，具体如图1-3所示。

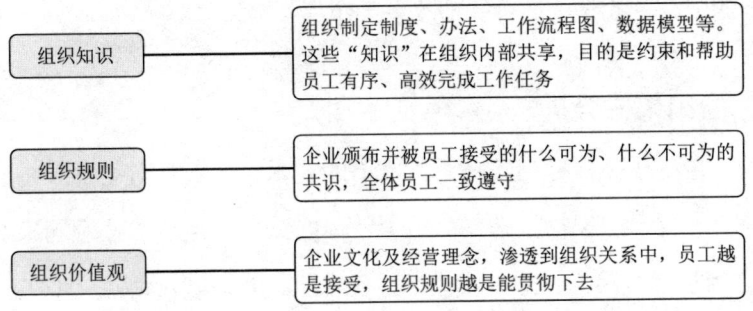

图1-3　组织能力三大维度

为了实现战略目标，企业管理者要从这三大维度构建企业的组织能力，并对员工提出相应要求，同样要分三方面进行。

①员工工作态度：员工的工作态度直接影响员工工作效率，管理者需要了解员工的真实想法，纠正负面想法，宣传企业价值观，加强工作责任心和团队意识。

②员工能力：评估员工能力，筛选能力出众的员工，对能力不足的进行培训。具体分析见表1-3。

表1-3　员工能力盘点

总目标	目标分解	关键能力	关键人才
打造企业品牌	拓展市场	①市场拓展能力 ②树立品牌形象 ③销售能力 ④商务谈判能力	①销售精英 ②营销高手
	研发核心竞争产品	①产品设计能力 ②产品研发能力 ③技术能力	技术人才
	终端营销	①文案设计能力 ②流量营销能力	①广告设计人才 ②网络写手

③员工管理。为了发挥员工的能力,企业要系统地管理员工,给予员工必要的资源,让员工尽可能地放手工作。

1.2.4 组织架构分析

根据企业战略目标与关键组织能力的要求,企业应对组织架构进行分析调整。所谓组织架构是指一个组织整体的结构,是企业按照国家有关法律法规、股东(大)会决议、企业章程,结合本企业实际情况,明确董事会、监事会、经理层和企业内部各层级机构设置、职责权限、人员编制、工作程序和相关要求的制度安排。

下面通过图 1-4 来了解组织构架是如何在企业中运作的,这样管理者在分析组织结构时也能更加明确。

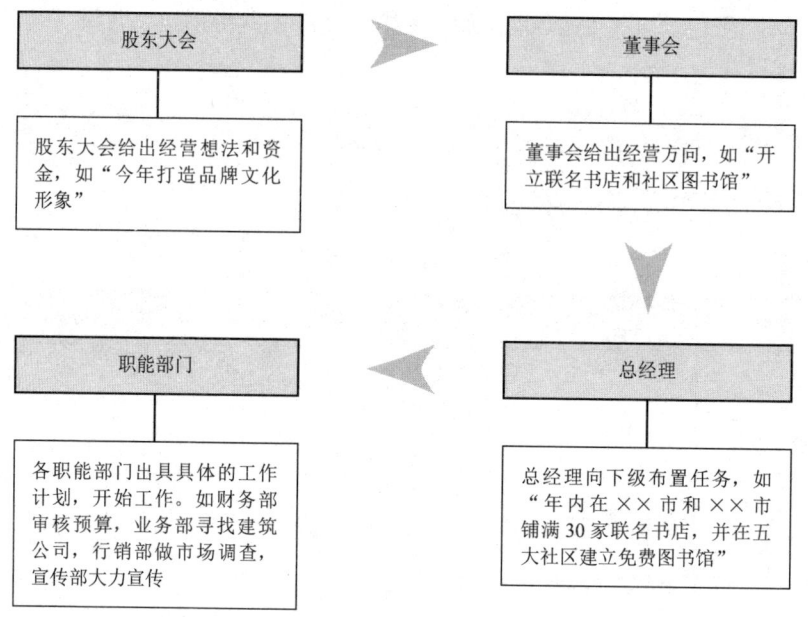

图 1-4　组织架构图解

常见的组织架构类型有表 1-4 中的几种,下面简单认识一下。

表 1-4 组织架构类型

类　　型	具体介绍
直线制	直线制是一种最简单的组织形式，企业各级行政单位从上到下实行垂直领导，下属部门只接受一个上级的指令，各级主管负责人对所属单位的一切问题负责。直线制只适用于规模较小、生产技术比较简单的企业
职能制	职能制组织结构是指各级行政单位除主管负责人外，还相应地设立一些职能机构。这种结构要求行政主管把相应的管理职责和权力交给相关的职能机构，各职能机构就有权在自己业务范围内向下级行政单位发号施令。由于这种组织结构形式有明显的缺陷，现代企业一般都不采用职能制
直线职能制	直线职能制是在直线制和职能制的基础上建立起来的，大多数企业都采用这种组织结构形式。它把企业管理机构和人员分为两类，一类是直线领导机构和人员，另一类是职能机构和人员，既保证了企业管理体系的集中统一，又可以在各级行政负责人的领导下，充分发挥各专业管理机构的作用
矩阵制	矩阵制组织是围绕某项专门任务成立跨职能部门的专门机构，例如组成一个专门的产品（项目）小组从事新产品开发工作，由有关部门派人参加，以协调各项活动，适用于一些重大攻关项目
事业部制	事业部制是一种高度（层）集权下的分权管理体制，按地区或按产品类别分成若干个事业部，从产品的设计、原料采购、成本核算、产品制造，一直到产品销售，均由事业部及所属工厂负责，实行单独核算，独立经营，企业总部只保留人事决策、预算控制和监督大权，并通过利润等指标对事业部进行控制。它适用于规模庞大、品种繁多、技术复杂的大型企业
模拟分权制	该组织架构模拟事业部制的独立经营，单独核算，形成一个个"生产单位"。这些生产单位有自己的职能机构，享有自主权，负有"模拟性"的盈亏责任，可调动生产经营积极性。但由于各生产单位在生产上的连续性，模拟分权制很难将它们分开
委员会	委员会是组织结构中的一种特殊类型，它是执行某方面管理职能并以集体活动为主要特征的组织形式。实际中的委员会常与其他组织结构相结合，可以起决策、咨询、合作和协调的作用
多维立体	多维立体组织结构是事业部制与矩阵制组织结构的有机组合，多用于多品种、跨地区经营的组织

企业为了在内部直观地展示组织结构，通常会绘制组织结构图，可形象地反映组织内各机构、岗位上下左右相互之间的关系，如图1-5所示。

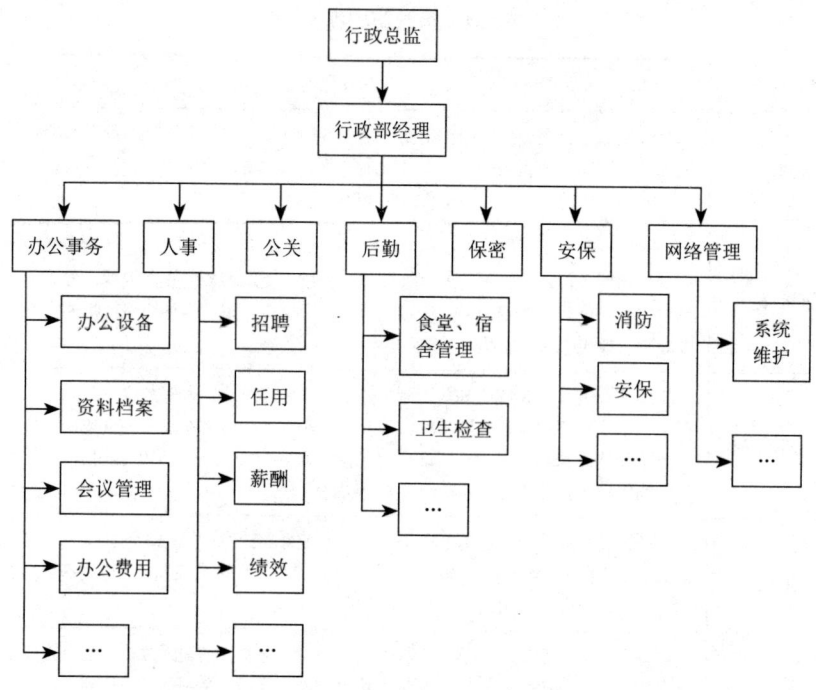

图 1-5 某企业行政部组织架构图

企业对组织架构的分析可从两个角度入手，一为纵向，二为横向。

（1）纵向组织架构分析

以纵向角度来看，组织架构的层级数量和管理幅度不同，组织管理的要点也不同。组织层级数量越多，信息传递越远；而组织层级越少，管理幅度就越大，管理难度也越大。

图 1-6 左图中，总经理的管理幅度小，管理难度也小，但层级数量多一层，信息传递更麻烦。

图 1-6 右图中，层级数量少一层，信息传递简便，但总经理的管理幅度变大，管理人数变多，管理难度当然也加大了。

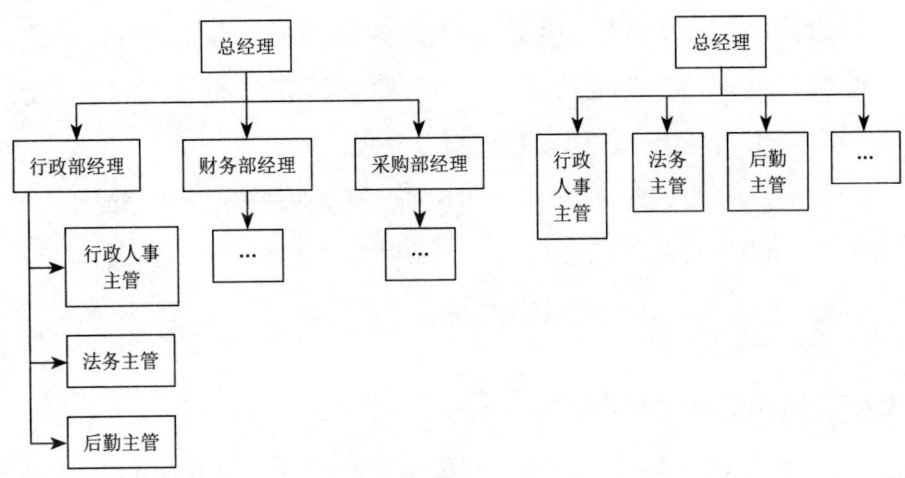

图 1-6　组织架构对比

如何对纵向组织结构进行调整呢？

以图 1-7 为例，该企业在进行年初战略规划时，特别提出"产品品牌化"，并深度拓展不同产品线的市场，因此组织管理上发生了调整，相应部门职能和职位也发生了改变。

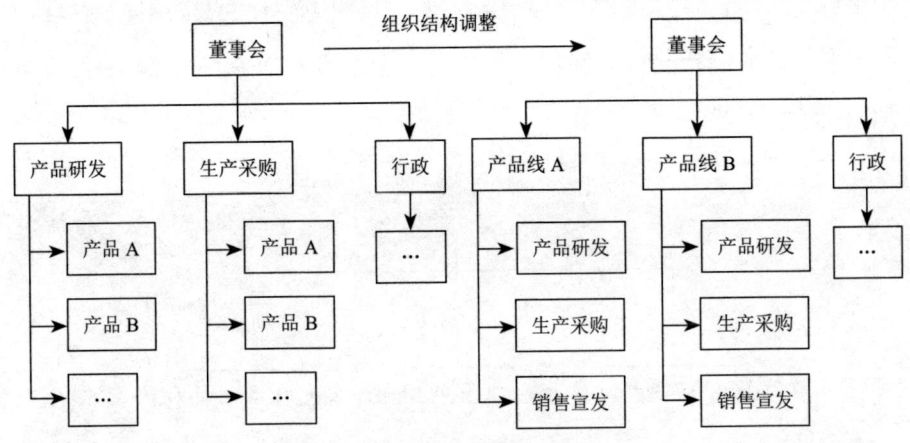

图 1-7　组织结构调整

（2）横向组织架构分析

组织结构从横向来看都是同一层级，领导权不相上下，只是职能不同，如企业按照生产经营的需要，设置了研发、采购、生产、仓储、销售、财务、行政等同级部门，但有时也会将采购、生产两个部门合二为一，或是将行政、人事两个部门合二为一，部门职责也随之改变。

管理者要根据战略目标确定关键职能，调整职能部门，或增或减，或合并，或拆分，在确定职能部门后，再设计部门业绩目标、核心工作和岗位职责。

1.2.5　组织架构多样设计

很多时候管理者可能因为自身局限性，导致在设计组织架构时只考虑直线架构或者职能架构。其实组织架构有多种类型，每种类型都有明显的优劣势，管理者应该了解更多组织架构类型，打开自己的管理思维。

（1）直线组织架构

直线组织架构是最早出现的一种组织结构形式，也是一种最简单的组织结构形式，其特点是组织中的一切管理工作均由领导者直接指挥和管理，不设专门的职能机构，下级部门只接受一个上级的指令。图1-8为直线组织架构示意图。

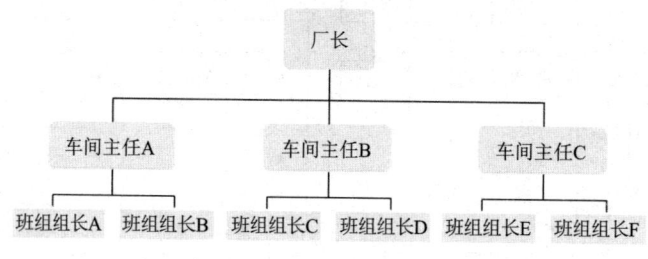

图1-8　直线组织架构

图1-8中，厂长直接管理各车间主任，每个车间负责不同的生产作业，由车间主任管理，在车间内进一步分解生产作业职能到各个班组，由班组组长管理。厂长一般将企业采购、销售、财务、人事等业务活动的职权集

中在一起，并对生产活动行使监督权。

可以看出，在直线组织架构下，各职能是垂直分工，而不是水平分工。厂长、车间主任、班组组长均负责生产相关管理，只是职权范围不同，呈逐级缩小。

表1-5为该组织架构的优缺点。

表1-5 直线组织架构的优缺点

优缺点	简　　述
优点	①结构简单，方便设置 ②责任与职权明确 ③上下级是垂直关系，有利于维持组织秩序
缺点	①管理职能一人承担，对管理人员要求极高 ②缺少横向沟通的渠道，部门之间难以协调

由此可见，该组织架构适用于企业规模不大、职工人数不多、业务工作都比较简单的企业管理，也适用于中小型项目。

（2）职能组织架构

职能组织架构又称U形组织架构，是在直线组织架构的基础上发展起来的。它是按职能来组织部门分工，即从企业高层到基层，均把承担相同职能的管理业务及其人员组合在一起，设置相应的管理部门和管理职务。

现代企业中许多业务活动都需要有专业的知识和能力，因此该组织结构将工作方法和技能作为部门划分的依据，把管理职权交给对应的职能机构。图1-9为职能组织架构示意图。

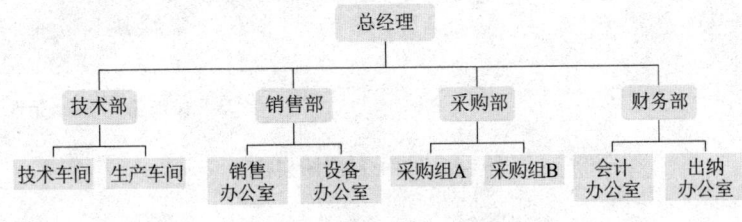

图1-9　职能组织架构

知识扩展 什么是直线职能组织架构

顾名思义，直线职能组织架构是直线架构和职能架构结合而成的组织模式，是现代工业中最常见的一种结构形式，在大中型组织中尤为普遍。它将管理机构和人员分为两类，一是直线人员，二是职能参谋人员。直线人员在各自的职责范围内行使指挥和命令权力，职能机构人员则作为辅助，与直线人员共同工作。图1-10为直线职能组织架构示意图。

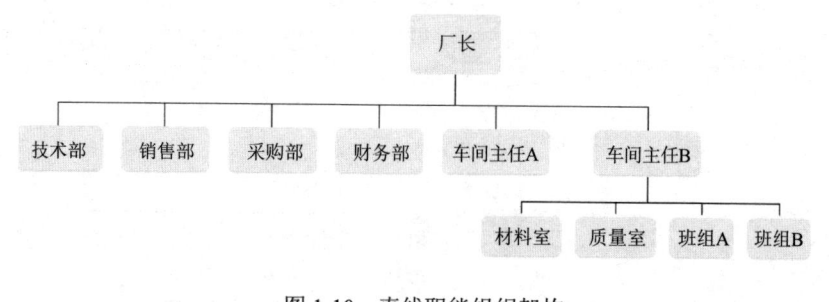

图1-10 直线职能组织架构

（3）事业部组织架构

事业部组织架构又称分公司制架构，是为满足企业规模扩大和多样化经营对组织机构的要求而产生的一种组织架构形式。它按照企业经营业务，如产品、地区、顾客（市场）等来划分部门，设立若干事业部。事业部在企业领导下，拥有完全的经营自主权，可独立经营、独立核算，图1-11为事业部组织架构示意图。

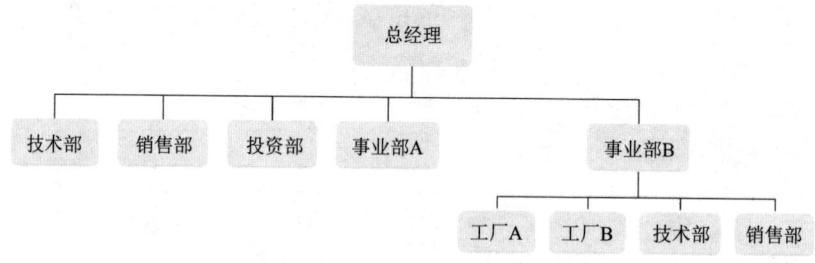

图1-11 事业部组织架构

事业部受企业控制管理,具有生产利润和经营管理的职能,同时对本部门经营生产负全责,表1-6为该组织架构的优缺点。

表1-6 事业部组织架构的优缺点

优缺点	简 述
优点	①事业部有各自的业务规划,可以根据部门情况和市场变化灵活处理业务工作 ②管理层可以放权,摆脱许多日常行政事务,着眼于企业发展的重要决策 ③事业部经理可获得锻炼,处理各种经营事务,有助于企业培养管理人才 ④通过各事业部的利润产出,企业可调整经营方向,选择利润高的产品,有助于企业提高经营利润 ⑤事业部之间可以良性竞争,促进企业发展 ⑥各事业部责任明确,高层领导可扩大管理幅度
缺点	①事业部独立性太强,容易只顾自己部门的利益,从而忽略企业利益 ②增加各种费用开支 ③企业总部难以把控

(4)项目组织架构

项目组织架构是指围绕项目进行、通过项目创造价值并达成自身战略目标的组织形式。常见的这类组织包括设计院、承包商、监理公司、项目管理公司、咨询公司、高度离散型制造商及建筑公司等。

项目组织架构的经营特征要求其组织架构以项目为基石,每个项目就像一个微型公司那样运行,图1-12为项目组织架构示意图。

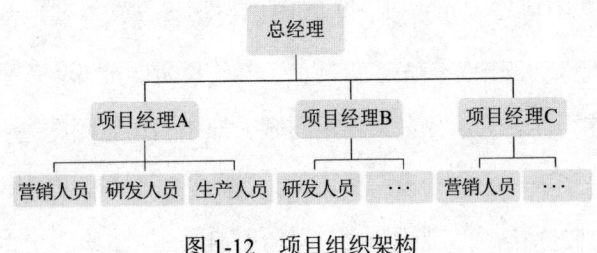

图1-12 项目组织架构

项目组织架构的优缺点具体见表1-7。

表 1-7　项目组织架构的优缺点

优缺点	简述
优点	①团队具备灵活性，能很快接受新的想法 ②提高公司经营效率 ③组织更加专业化，每个成员都明确自己的目标和工作
缺点	①缺乏稳定性 ②管理项目团队是一项挑战，对项目领导人的管理水平要求较高

（5）矩阵组织架构

矩阵组织架构是把按职能划分的部门和按产品（或项目、服务等）划分的部门两者结合起来组成一个矩阵，如图 1-13 所示。

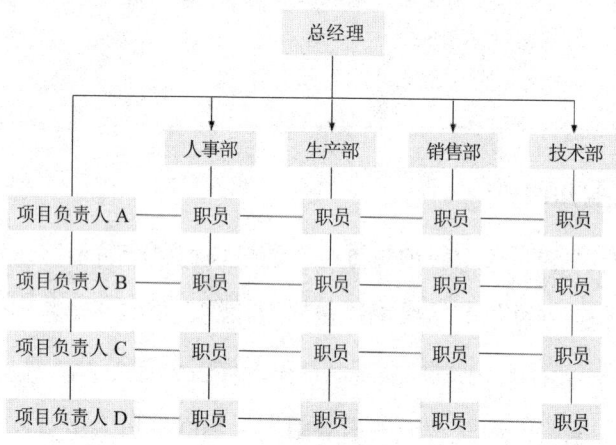

图 1-13　矩阵组织架构

从图 1-13 中可直观了解到，矩阵组织架构就是在直线职能的组织关系上再增加一种横向的领导关系，这样员工既能负责职能部门的业务，又能参与项目小组的工作。为了保证来自不同职能部门的员工团结在一起完成企业经营项目，每个项目小组都设有负责人，在高层管理员的直接领导下工作。

矩阵组织架构结合了职能组织架构和项目组织架构的优点，其优缺点见表 1-8。

表 1-8 矩阵组织架构的优缺点

优 缺 点	简　　述
优点	①认准项目，让员工找到工作目标 ②项目管理人员可有效协调工作 ③各职能部门资源在项目中共享 ④项目人员有自己的职能岗位，项目解散并不影响其工作
缺点	①项目人员的工作繁重 ②项目人员既受职能主管领导，又受项目负责人领导，以哪边为先难以界定 ③项目成员之间沟通有壁垒，会导致权责不明，任务分配不明确

（6）流程组织架构

流程组织架构以客户为导向，通过业务流程搭建企业的组织架构，相对于直线组织架构、职能组织架构等传统组织架构形式，这种组织架构更能适应多变的市场环境。

在流程组织架构中，团队是企业最小价值创造单元，不同的团队负责不同的业务流程，每个流程都有其不可替代的价值，图 1-14 为流程组织架构示意图。

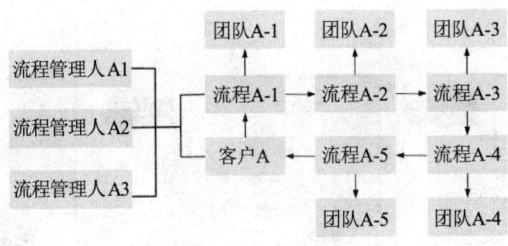

图 1-14　流程组织架构

1.2.6　人才盘点与组织盘点的联系

战略目标决定组织构架，组织构架决定人才安排。通过组织架构，管理者可以直观了解到人才与组织的紧密关系。为了达成企业未来战略目标，在进行人才盘点前，管理者更要进行组织盘点。而在此过程中，管理者需要提出几个问题：企业发展需要哪些关键组织能力？组织架构是否合理？关键岗位设置是否合适？要解决这些问题，管理者首先要进行组织盘点与诊断，如图 1-15 所示。

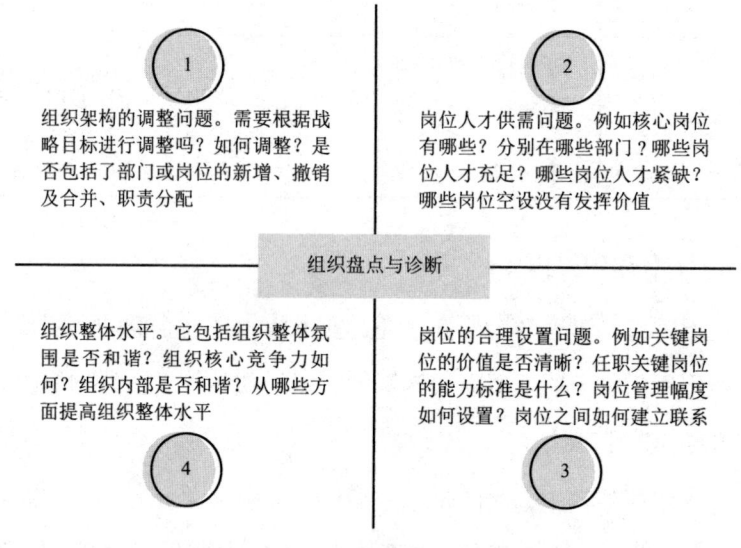

图 1-15　组织盘点与诊断的四大问题

诊断后，管理者应带着这些潜在问题进行组织盘点，组织盘点的基本逻辑如图 1-16 所示。

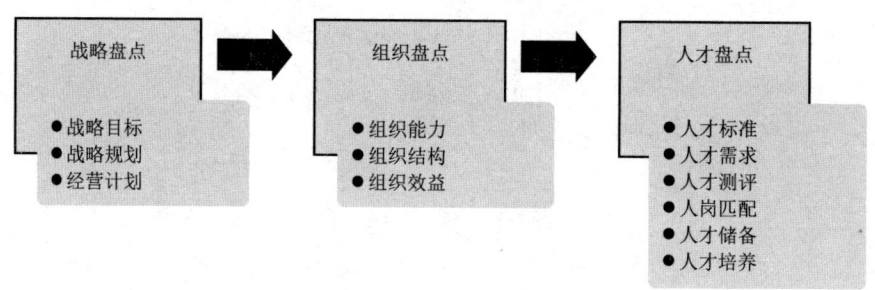

图 1-16　组织盘点的基本逻辑

据此，管理者可按流程展开组织盘点工作，大致经历表 1-9 中的七个步骤。

表 1-9 组织盘点流程

流　　程	具体阐述
确定盘点目的	盘点之前，首先要明确此次盘点的目的，是例行盘点还是精简组织，或是找出不足。组织盘点的目的不同，选择盘点的内容侧重也不同。据图1-16的内容，管理者能够了解到组织盘点的主要内容分别是组织能力、组织结构、组织效益
确定盘点范围	组织盘点的范围有大致盘点、深入盘点、全面盘点三种 　　大致盘点即从效益指标入手进行分析，若发现效益不达标，则做出对应的改进策略，可以是针对整个企业的，也可以是针对部门的，或者仅是企业内部的一个项目 　　深入盘点即发现经营出现了问题，需要深入分析并找到原因，进行优化，可以多个维度进行诊断 　　全面盘点一般是面向企业未来战略规划而做出的盘点，这时企业要么转型，要么扩大规模，要么出现了重大经营问题
设计盘点计划	设计盘点时间、方法（工具）、流程、人员
选择盘点方法	为了高效完成盘点工作，盘点人员需要借助一些盘点工具
挑选负责人	确定盘点工作中的各种角色，挑选合适的人员负责分工
收集各项信息	根据盘点目的和内容收集需要的信息，以备分析
复盘流程	对盘点工作进行复盘，分析实际与预期的差距，生成盘点结果报告，提出优化措施

知识扩展 **组织盘点盘什么**

　　组织盘点的主要内容分为三项——组织能力、组织结构、组织效益，每一项的重点分别是什么呢？

　　①盘点组织能力：应按企业战略要求确定组织能力，找出目前的差距和不足，制订改进计划。实际盘点时，可按组织能力类型逐一盘点，包括创新能力、研发能力、管理能力、供应链能力等；也可按产出结果衡量组织能力，如耗用成本、产出质量、各层级执行等。

　　②盘点组织结构：主要从结构设计、管理幅度、部门/岗位设置、岗位职能等判断组织结构是否能做到高效经营。

　　③盘点组织效益：即对组织的财务和经营效率进行盘点，可有效了解组织的经营状况，具体可从投资回报率（ROI）、收入、利润、成本、费用、留存率、客户满意度、生产进度和产品质量等角度进行盘点。

1.2.7 组织盘点的工具

组织盘点说简单点就是对组织进行评估、诊断，掌握组织优劣势，进一步优化组织，完成战略发展目标。在组织盘点的过程中，有一些实用工具可帮助管理者提高盘点效率，包括五星模型、六盒模型和V模型等。

（1）五星模型

五星模型是一个专业的组织评估工具，如图1-17所示，五星模型的五个顶点分别对应一个组织评估的要素，这五个要素对于一个高效组织来说必不可少。

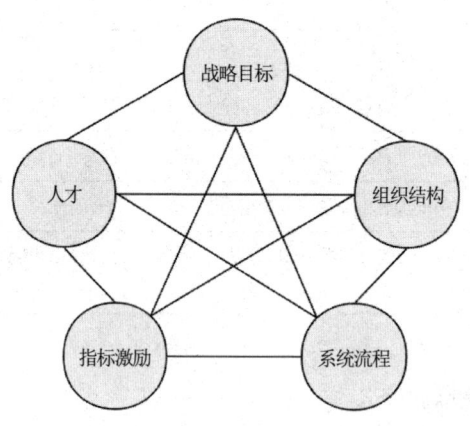

图1-17　五星模型

下面来认识这五个要素之间的联系，以及对组织构建的重要性。具体内容见表1-10。

表1-10　五大要素的联系

	战略目标	组织结构	系统流程	指标激励	人才
战略目标	—	根据战略目标设计恰当的组织结构	评估系统流程能否高效完成战略经营目标	指标能否分解战略目标以达成战略目标？激励是否与目标紧密关联	人才是否符合战略需求？如招聘高精技术人才达成企业技术发展战略目标

续上表

	战略目标	组织结构	系统流程	指标激励	人才
组织结构	—		组织结构的设计能否促进系统流程高效运转	指标是否遵循组织结构设置？是否按组织层级分解？是否依照组织结构的权责制定	是否依据组织结构配置人才？组织结构的人才储备是否完备
系统流程	—	—		系统流程是否有指标监控？指标是否符合每个流程的实际工作情况	人才数量、人才能力和适合程度是否满足流程操作
指标激励	—	—	—		人才考核指标设置合理吗？指标能激励人才提升自我能力吗
人才	—	—	—	—	

通过表格，管理者可以了解到五大要素彼此间的联系，并以此出发进行组织盘点，下面通过一个案例来帮助管理者更好地应用五星模型。

实用范例　五星模型实例应用

某生产企业在不断扩张的过程中，为了维持生产经营的秩序，打算推动公司"5S管理"活动。为保证一切顺利进行，相关负责人打算利用五星模型进行组织盘点，具体操作如下。

首先从战略目标开始，负责人定下了全企业半年内完成"5S管理"的目标，由此，企业各部门一个月内需完成工作设备、材料、物料的规整与清洁；三个月内需要引入5S工具，并让员工熟悉使用工具；半年内企业整体环境要焕然一新，员工要认可"5S管理"观念。

其次是组织结构上的改变，为了完成活动目标，组织需设立临时的项目部，由高层管理者担任项目部组长，挑选涉及部门的有关人员作为组员，负责各自部门的项目推进，传达项目部的指示，同时需要为"5S管理"建言献策。

再次为盘点系统流程，按"5S管理"一贯的流程和逻辑，即整理、整顿、清扫、清洁、素养，负责人可结合企业现状按流程实施，并设计监测机制。

然后是指标激励的设计，将战略目标逐级分解到各部门，与绩效挂钩，结合时间因素设计对应的激励指标。

最后是人才方面，安排专题培训课程让员工会用"5S管理"工具，还要将"5S管理"的意识和思想注入员工内心，让其发自内心地认可该管理理念和模式。这样在日常工作中，员工也能按"5S管理"的逻辑行事。

上述案例通过五星模型，针对企业接下来的管理活动进行盘点，发现很多需要改进的地方，避免了由于组织设计的不足导致活动推进不顺利的问题。

（2）六盒模型

六盒模型是一个通用的组织盘点工具，可帮助管理人员评估组织运作情况，盘点组织现状，规划未来，如图1-18所示。

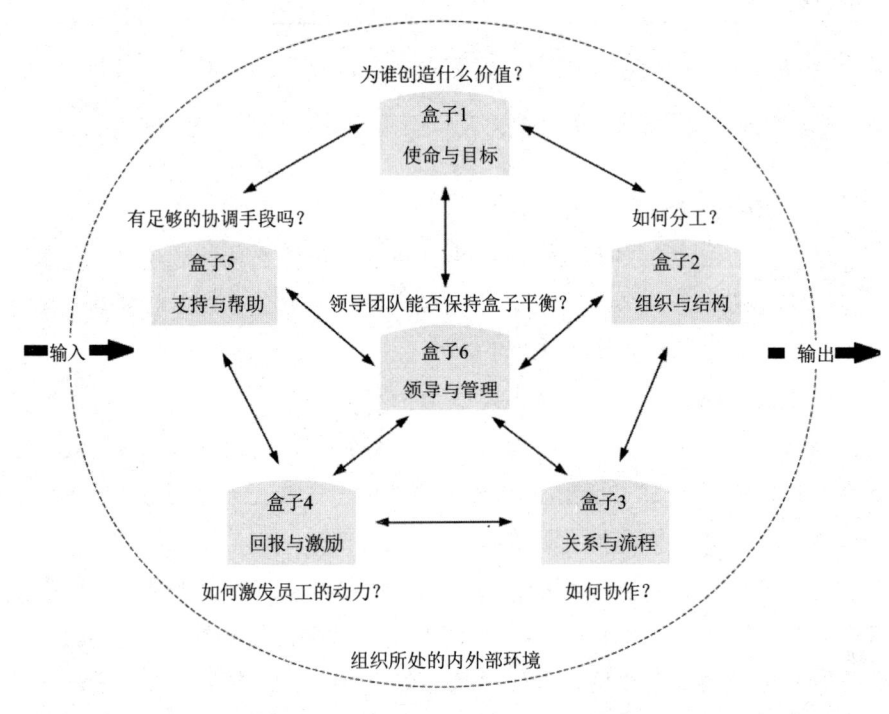

图1-18 六盒模型

使用六盒模型进行组织盘点，主要从六个维度着手，具体见表1-11。

表1-11 六盒模型盘点维度

维度	主要内容
使命与目标	在该维度，主要考虑以下三个问题 ①组织目标是否清晰、明确 ②有关员工对目标理解是否一致 ③员工是否认同目标并为之兴奋
组织与结构	组织目标确定后，便要及时优化调整组织结构，按组织层级和结构分解目标，分配责任。在该维度，主要考虑以下三个问题 ①组织内部工作如何分配 ②工作权责是否清晰、明确 ③组织结构能否支撑业务目标的实现
关系与流程	员工之间的协调关系对组织影响非常大，是业务保持流畅操作的关键，只有凝聚在一起的组织才能更好地推进各项业务活动。在该维度，主要考虑以下三个问题 ①团队之间是否有基本的业务逻辑关系 ②部门、团队、小组之间如何协调矛盾 ③组织内部各单位合作是否顺畅
回报与激励	目标明确、结构清晰、分工合理、业务链顺畅，组织内部的各种业务便能顺利实施，为了提高效率，达成目标，还需要一定的激励措施，按员工的表现给予激励。在该维度，主要考虑以下三个问题 ①激励是否公平、公开、有序 ②激励形式有哪些可供选择 ③什么样的工作成果是可以获得激励的
支持与帮助	企业的资源是企业经营的后援，为员工提供基本的支持和帮助，决定企业能够走多远。在该维度，主要考虑以下三个问题 ①组织内部有哪些支持和帮助机制 ②在业务流程中，组织的帮助是否有效？有多大效用 ③想要帮助机制更好地发挥作用需要做些什么
领导与管理	对组织内部综合管理，使组织状态达到平衡，是发挥组织能力的保障，这对组织的领导和管理能力有很高的要求。在该维度，主要考虑以下五个问题 ①为保持其他五个盒子的平衡，需要做哪些管理工作 ②若组织内部失衡，需要采取哪些管理行动进行修正 ③如何获得其他五个盒子的反馈 ④如何评价领导力或管理水平 ⑤领导团队是怎么样的

(3) V模型

V模型作为一个模型工具，可用于组织评估、组织盘点、组织设计等等场景，可以诊断出组织内部哪些部门运行良好，哪些部门出现了问题。之后管理者便可根据实际状况，改进组织。图1-19为V模型示意图。

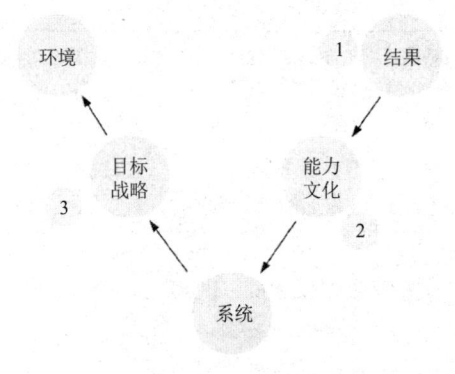

图1-19　V模型

用V模型进行盘点，需要经历五个基本步骤。

①企业依据外部环境对组织做出要求，与组织近期的经营成果进行对比，找到差距，重点关注不能达成的要求。

②深究企业组织能力不足以达到要求的原因，可能是管理人员、技术人员能力不足，也可能是组织凝聚力不强，人员流动大，管理者要在众多的原因中找到影响最大或最核心的原因。

③分析组织系统层面的不足，如岗位权责不明或设计不合理；组织结构横向沟通困难；未设置符合企业经营的激励机制；没有项目进度管理程序；没有失误复盘机制等。

④根据企业能力、文化及系统现状，推断可能达到的目标战略。

⑤企业设置的目标战略与外部环境对企业的要求之间有很大的差距，按照现有的组织配置是不能满足外部环境要求的，因此企业对组织的调整需根据外部环境要求进行。

1.2.8 关键岗位人岗匹配

关键岗位是对企业的发展起到了重要作用的岗位,是不能缺少的,如销售、研发等岗位。根据各部门的职能划分,企业需要设置相应的岗位来完成经营业务,而关键岗位又是重中之重。

比起其他岗位,关键岗位有这样一些特征:与企业盈利密切相关、主导企业战略发展、工作内容技术要求高、岗位责任重、任职资格高、数量少。

为保证关键岗位人岗匹配,让优秀人才在关键岗位上创造价值,实现岗位职能,完成关键业务,企业首先要明确哪些是关键岗位,以及关键岗位的基本职能。一般从战略影响力和人才紧俏性两个因素来定位关键岗位。

①战略影响力:岗位对企业战略发展的影响越大,越能从不同角度确定企业发展业务规划,该岗位越关键。

②人才紧俏性:能够胜任该岗位的人才在市场中越紧俏,该岗位越重要,企业可能需要花费大量的精力筛选人才、培养人才,且该岗位的人才流失对企业而言是莫大的损失。

在确定关键岗位后,管理者便要考虑如何实现人岗匹配。所谓人岗匹配,就是对人力资源进行有效配置和合理使用,一是让人才能力特征与岗位职能相匹配,二是让岗位薪资与市场趋势、员工需求相匹配。人岗匹配分为三个基本的步骤,具体来看下面内容。

(1) 定位岗位

人岗匹配第一步便是对岗位进行定位,了解岗位要求和特点。管理者可通过工作分析的方式定位岗位,最终得到岗位说明书,作为人力资源管理的基础性文件。关键岗位举例(运营专员)见表1-12。

表1-12 运营专员岗位说明书

职位名称:运营专员	所属部门:运营部	晋升职位:运营主管
职位概要: 根据客户投放需求做好广告方案投放策略、文案创意、账户搭建,以及投放后的数据分析、账户优化		

岗位职责	①熟悉产品资源位、投放流程及数据分析优化方法，并灵活运用 ②针对每个广告主不同的需求为其制定合理的推广方案 ③深入了解推广产品，协同美工完成高质量的广告素材创意及推广页面制作 ④实时监控广告投放数据，并及时调整后台优化广告效果
任职资格	①大专以上学历，熟悉电子商务，须有互联网广告运营经验 ②有较强的服务意识，较好的语言表达能力 ③熟悉广告运营流程，为成交客户达成推广效果，促进持续合作 ④有责任心和敬业精神，愿意投身互联网行业（尤其是线上广告行业）长期发展
工作内容	①及时跟销售对接，了解客户产品的信息及推广需求，制作前期的广告投放策略 ②根据客户所需推广的产品，整理资质开户、搭建账户、提交创意、跟进广告上线及消耗数据 ③与美工协同客户广告素材创意进行优化，保证客户广告在投期间有足够优质的新素材上线 ④对在投客户的后台投放数据进行实时跟踪，及时调整
需掌握流程	广告后台系统及操作，广告资源位及尺寸大小，开户资质要求及创意审核标准，推广网站后台查看及数据分析
试用期考核内容	①创意上线率；②广告币消耗；③月考勤情况（以上考核标准每项200.00元，包含在每月工资内）
业绩目标	一级：150 000广告币消耗；二级：300 000广告币消耗；三级：450 000广告币消耗
转正标准	试用期一至三个月，当月达到一级绩效考核要求，次月转正；若试用期内未达到一级绩效考核要求，则不予录用。转正后须达到一级绩效考核标准

（2）定义人才胜任力

管理者可根据岗位特征确定人才特征，最好是通过搭建胜任素质模型来定位关键人才，帮助实现人岗匹配。有关胜任素质模型搭建的内容在后面的章节会进行详细说明。

（3）达成匹配

根据合适的人才特征进行筛选，最大限度地发现和利用人才优势，将合适的人放在合适的岗位上，减少"人才浪费"。在匹配过程中，管理者需要进行人才盘点。

管理者可通过无领导小组讨论、文件筐测验、心理测评等工具来对关键人才进行评估，衡量其与岗位的匹配度。

第2章
人才需求规划，实现企业战略的前提

进行人才盘点前，企业管理者或人事主管当然要知道企业的人才需求到底有多少，这样在盘点后才可根据需求进行增加或减少。如何预测企业所需人员数量呢？管理者可借助各种定编方法，一起来学习吧。

2.1 常见的人才数量规划方法

人才规划是企业战略的其中一部分,通过人才规划,企业可有效控制员工数量,节约人力成本,为企业未来发展组建有竞争力的团队。人才数量规划是一项有技术含量的工作,管理者可参考众多人才定编方法,帮助自己合理规划人才数量。

2.1.1 劳动效率定编法

劳动效率定编法是指根据生产任务和员工的劳动效率以及出勤等因素来计算岗位人数的方法。该定编方法以员工的劳动效率为基准,假设企业业绩的多少与相关人才的工作时间和工作量相关,忽略市场、企业损耗、供应链等影响因素。

该方法主要适用于生产型企业,企业可在年初设计未来产出,结合员工历史绩效结果,测算人员数量。公式如下:

定编人数 = 计划期生产任务总量 ÷(员工劳动定额 × 出勤率)

实用范例 劳动效率定编计算

××企业每人每年需生产A零件5 102 451只,每个生产工人每天的产量定额为20只,平均出勤率为96%,求生产工人定编人数。计算如下:

定编人数 =5 102 451÷[20×(365-2×52-11)×0.96] ≈ 1 063(人)

由于劳动定额包括产量定额和时间定额两种基本形式,负责人不仅可通过产量计算人数,还可采用时间定额计算,公式如下:

定编人数 = 生产任务 × 时间定额 ÷(工作时间 × 出勤率)

如果该企业A零件的时间定额为0.5小时,即制作一只A零件需要耗费0.5时/人,以8小时工作制来计算,员工数量计算如下:

定编人数 =5 102 451×0.5÷[8×(365-2×52-11)×0.96] ≈ 1 329(人)

在实际生产活动中,产品不可能百分百合格,因此还要考虑废品率,公式如下:

定编人数＝计划期生产任务总量÷[产量定额×出勤天数×出勤率×（1－废品率）]

假设该企业 A 零件的废品率为 5%，那么计算员工人数为：

定编人数＝5 102 451÷[20×（365－2×52－11）×0.96×（1－0.05）]≈1 119（人）

2.1.2　回归分析定编法

回归分析法指利用数据统计原理，对大量统计数据进行数学处理，并确定因变量与某些自变量的相关关系，建立一个相关性较好的回归方程（函数表达式），并加以外推，用于预测今后因变量的变化的分析方法。基本步骤为：

①根据自变量与因变量的现有数据及关系，初步设定回归方程。

②求出合理的回归系数。

③进行相关性检验，确定相关系数。

④在符合相关性要求后，即可将已得的回归方程与具体条件相结合，来计算未来的数据，并计算预测值的置信区间。

回归分析法有不同类别，具体如图 2-1 所示。

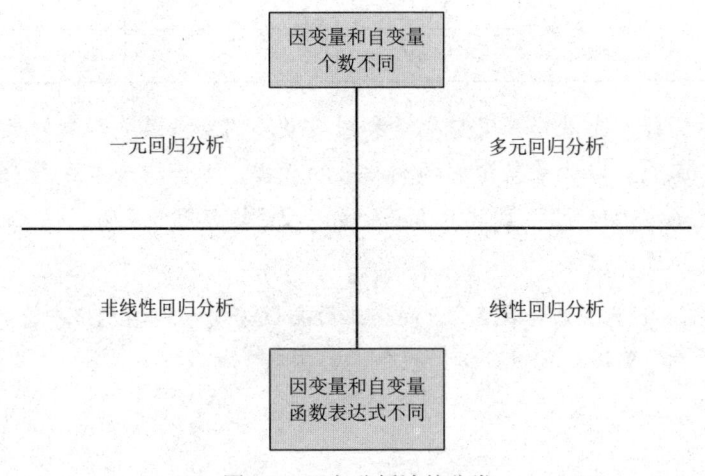

图 2-1　回归分析法的分类

用到人员定编上，就可以通过分析企业历史数据和历史员工数量，建立计算回归模型，预测企业未来一段时间的岗位编制数量。企业历史数据包括销售额、利润、市场占有率和人力成本等。

下面通过一个案例来了解如何利用回归分析法预测人才数量。

实用范例 用 Excel 进行一元回归定编

在进行回归分析时，管理者首先要知道一元线性回归分析指包括一个自变量和一个因变量，且二者的关系可用一条直线近似表示的分析法。一元线性回归方程式为：

$y=kx+b$

该方程式中，y 为因变量，对应坐标轴 y 轴；x 为自变量，对应坐标轴 x 轴；k 为系数；b 为常数，可通过 Excel 计算。

假设××企业要利用总产值规划员工人数，那么 2017 年到 2023 年，××企业的总产值和员工人数之间的关系该怎样分析呢？首先管理者要收集对应数据，具体见表 2-1。

表 2-1　企业历史数据

年　份	2017年	2018年	2019年	2020年	2021年	2022年	2023年
总产值(万元)	118.00	117.00	137.00	157.00	169.00	149.00	202.00
员工人数(人)	111.00	120.00	160.00	200.00	200.00	220.00	260.00

然后根据历史数据确定自变量和因变量。因变量是要预测的数据，本例指员工人数；自变量指影响预测结果的数据，本例中为企业总产值。由于本例为一元回归分析，因此只有一个自变量，若有两个或两个以上自变量，则为多元线性回归。

新建 Excel 表格，将表 2-1 中的企业历史数据输入到单元格中，单击"数据"选项卡，单击"数据分析"按钮，如图 2-2 所示。

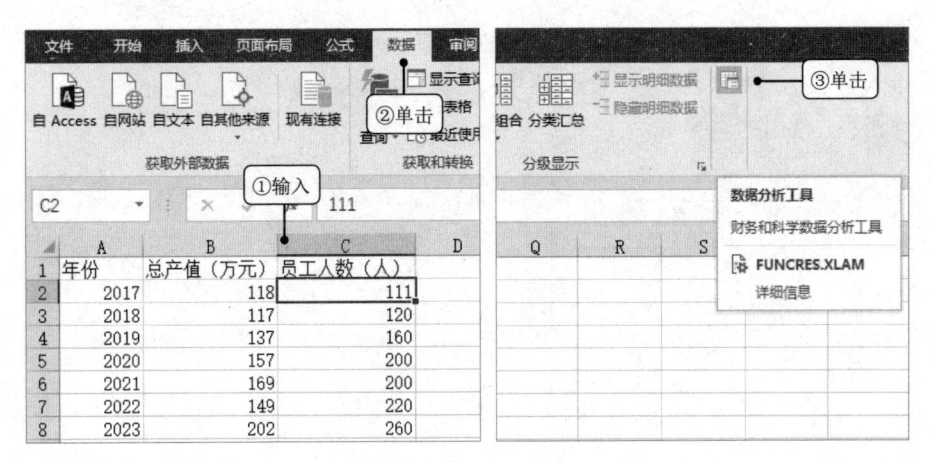

图 2-2　打开 Excel 输入数据

打开"数据分析"对话框,在"分析工具"下拉列表框中选择"回归"选项,单击"确定"按钮,如图 2-3 所示。

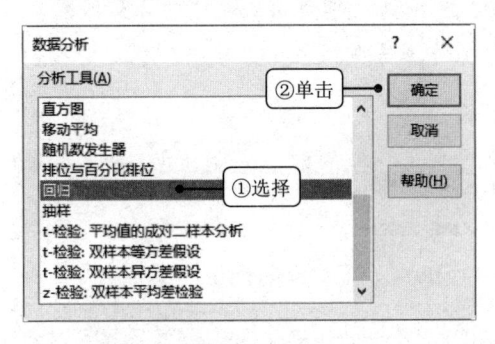

图 2-3　选择"回归"选项

打开"回归"对话框输入数据,单击"Y 值输入区域"对话框后的按钮,选择 Y 值区域范围,即员工人数数据的单元格区域,如图 2-4 所示。

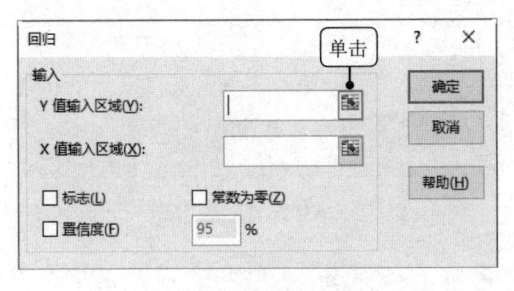

图 2-4　折叠对话框

选择 C2：C8 单元格区域，可以看到，系统自动将选中的单元格区域输入到"Y 值输入区域"对话框中，单击对话框后的按钮，展开"回归"对话框，如图 2-5 所示。

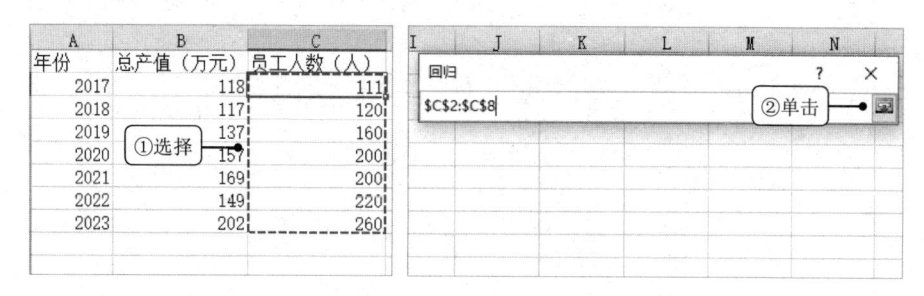

年份	总产值（万元）	员工人数（人）
2017	118	111
2018	117	120
2019	137	160
2020	157	200
2021	169	200
2022	149	220
2023	202	260

图 2-5　输入单元格区域

以同样的方式输入"X 值输入区域"范围，即总产值数据的单元格区域。单击"置信度"复选框，设置数值，一般默认 95%。在"输出选项"栏单击"输出区域"单选按钮，选择 A12 单元格，最终的分析结果会在该区域呈现（也可新建工作表组或工作簿呈现结果），单击"确定"按钮，如图 2-6 所示。

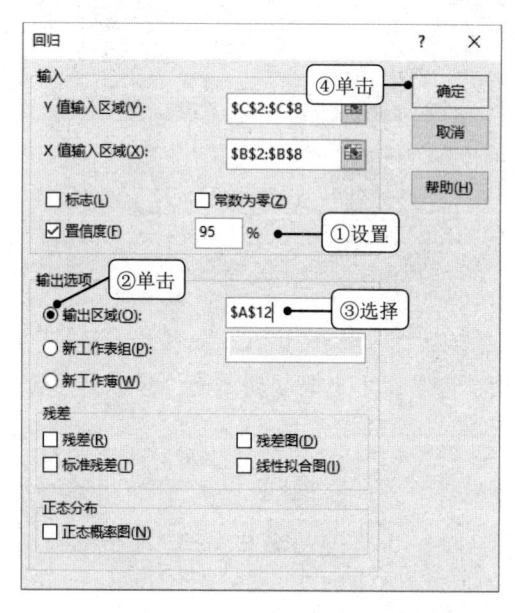

图 2-6　设置相关数据

最终得到分析结果，如图 2-7 所示。因此，该企业的回归模型为

$y=-70.823\ 1+1.684\ 2x$，即员工数 $=-70.823\ 1+1.684\ 2\times$ 总产值。数值来源于 Coefficients（系数）栏，Intercept 为回归分析结果中的一个参数，即回归方程中的常数项；X Variable 1 指 x 变量，即斜率或回归系数。

SUMMARY OUTPUT								
回归统计								
Multiple	0.934140438							
R Square	0.872618358	← R 平方						
Adjusted	0.84714203							
标准误差	21.14117843							
观测值	7							
方差分析								
	df	SS	MS	F	Significance F		← F 检验	
回归分析	1	15308.96716	15308.97	34.25212	0.002063			
残差	5	2234.747128	446.9494					
总计	6	17543.71429		假定值				
	Coefficients	标准误差	t Stat	P-value	Lower 95%	Upper 95%	下限 95.0%	上限 95.0%
Intercept	-70.8230981	43.85973212	-1.61476	0.167283	-183.568	41.92193	-183.568	41.92193
X Variabl	1.68423421	0.287778756	5.852531	0.002063	0.944475	2.423993	0.944475	2.423993

（常数项指向 Intercept；系数指向 Coefficients 列；x 变量指向 X Variabl）

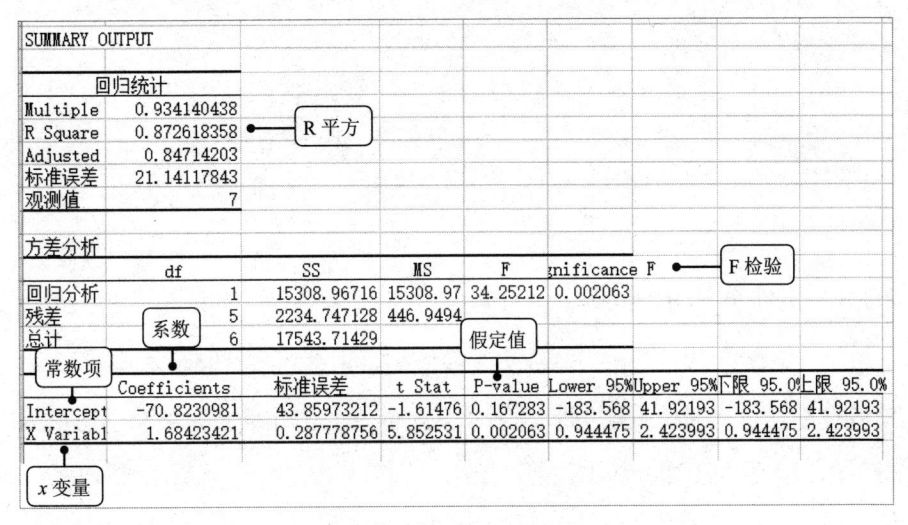

图 2-7　回归分析数据结果

除了系数值的获取，管理者还需对其中有关数据进行分析，那么该怎样解读呢？主要分三部分。

一看回归统计下的 R Square（R 平方）数值，该数值越接近 1，检验预测的准确度越高，这里约为 0.87，准确度还是很高的。

二看方差分析下的 Significance F（F 检验）数值，数值小于 0.05，则该检验方程才具备有效性，这里约为 0.002，说明方程式是有效的。

三看 P-value（假定值）数值，P 值小于 0.05 即具备显著性，P 值小于 0.01 为非常显著，指样本间的差异由抽样误差所致的概率小于 0.05 或 0.01。这里，x 变量系数的 P 值为 0.002，小于 0.05，具备显著性。（P 值是帮助判断系数与 0 有没有显著差异，常数项不参与 x 对 y 的影响，因此不在乎常数项的 P 值）。

只有在三个检验结果全部符合标准时，方程模型才可用。

> **知识扩展** 什么是置信度
>
> 置信度即置信区间，在统计学中，一个概率样本的置信区间（confidence interval）是对这个样本的某个总体参数的区间估计，展现的是这个参数的真实值有一定概率落在测量结果的周围的程度，也是被测量参数测量值的可信程度范围，即"一定概率"，这个概率被称为置信水平。
>
> 置信度95%，即95%置信区间，意味着计算中估计的目标参数有95%的可能性落入这个范围内。

2.1.3　工作分析定编法

工作分析即通过各种方式收集工作数据，通过数据分析辅助人岗匹配、绩效标准设置、岗位说明等管理活动。可以说，工作分析是人事管理的基础工作，常见的工作分析方法见表2-2。

表2-2　工作分析方法

分析方法	具体介绍
观察法	在不影响员工正常工作的情况下，观察并记录其岗位工作的内容、方法、流程、技术要求、所需设备、工作环境等数据，归纳整理数据，方便分析。观察法主要适用于标准化的、周期短的、以体力活动为主的工作，常与访谈法同时使用
问卷调查法	通过调查问卷收集汇总岗位员工的意见和想法，从中找出有用的或有代表性的回答，利用这些信息进行工作分析。调查问卷有开放式和封闭式两种，开放式即被调查人员自主回答问题；封闭式即事先设置好答案，由被调查人员选择 问卷调查法的优点是调查范围广，对大型企业来说方便操作，但是这种方法对问卷设计要求较高，很多企业都需要找专业的机构设计
访谈法	对岗位员工、直接主管、直接下级和岗位关联人员进行访谈，最好事先设计访谈提纲，通过对有关对象的访谈，可以获得更加全面和细致的数据，如一些有用的工作经验。为了让被访谈对象毫无保留地回答，访谈者要设计有技巧的访谈问题，降低对方的防备心，同时结合其他分析方法
工作日志法	岗位员工按照时间顺序详细记录每天的工作内容和工作环节，经过分析能够得到重要的岗位工作信息。相关人员可通过设计工作活动记录表、员工填写表格，有序记录重要内容，同时方便统计

工作分析对企业部门划分、工作流程设计、岗位设计和人员安排等都能提供依据。那么，如何利用工作分析做好人员定编呢？下面来看相关步骤。

(1) 第一步：书写工作日志

各部门员工每日书写工作日志，方便之后的数据收集，可通过表格规范记录，见表 2-3。

表 2-3 工作日志记录表

记录人：			日期：		
时 间	工作内容	完成度	工作成果及说明	计划完成时间	备注
上午 9:00—12:00					
下午 2:00—6:00					
疑难问题的处理	问题描述：				
	处理及落实情况：				
今日总结					
明日计划					
随心写画					

(2) 第二步：分析工作日志信息

部门管理员定期汇总员工工作日志，可以是每月汇总，也可以是季度汇总或是半年度、年度汇总；然后在此基础上，部门负责人开讨论会，总结部门内各岗位的重要工作项目、工作要求、人才要求，并讨论如何开展企业新工作任务，调整岗位职责，考虑人员调配。

(3) 第三步: 整理工作任务

各部门负责人对部门全年工作任务进行整理，并梳理部门任务与部门岗位的关系，对部门职能做出新的判断。

(4) 第四步: 编辑岗位职责

根据部门职能和部门工作任务设计岗位，对岗位进行合并、拆分或增删，并设计岗位职责，尤其是关键职责一定要精准，不仅要说明本部门的工作职责，还要说明需配合其他部门的工作职责。

(5) 第五步: 完成岗位编制

在组织结构框架内进行岗位设置和人员配置，制作部门结构图，用适当的人员充实组织结构所需的岗位，从而保证部门的正常运行，并将部门任务清单的具体工作分配到每个工作岗位上，制定工作任务分配表（表2-4），方便工作任务的有序完成。

表2-4 工作任务分配表

序号	类别	职位	项目	完成时间	工作内容概述	分配(主办-☆、协办-△、配合-○)		
						张三	李四	王五	…

2.1.4 标杆对照定编法

标杆对照，顾名思义即参照行业标杆企业的人才规划，结合企业自身的情况，确定一个逐步与标杆企业趋于一致的定编策略，并以此展开企业人员数量的规划。

在参照标杆企业的人才规划时，管理者需要整体了解该企业的人效水平、员工人数、组织结构等数据。不过由于数据获取有一定难度，企业之间的差距也不容忽视，因此该定编方法一般作为辅助方法，需要和其他定编方法一起使用。

为了让管理者更好地利用标杆对照法，下面通过一个案例来进行说明。

实用范例 对照标杆企业编制员工人数

连续三年，××公司的人均销售额在150.00万元，而同行业中的标杆企业人均销售额已达到200.00万元。

该公司管理层为了缩小差距，争取达到行业标杆企业的水平，计划在未来三年逐步实现人均销售额200.00万元的目标，并保持每年10%的销售额增长率。那么通过销售规划和人效管理，未来三年人均销售额分别需要达到165.00万元、182.00万元、200.00万元。

根据未来三年的人均销售额目标，可以得到未来三年××公司的人员定编，具体见表2-5。

表2-5 标杆对照定编示例表格

项　　目	2021年	2022年	2023年	2024年	2025年	2026年
销售额（万元）	16 547.20	23 587.10	30 254.10	39 251.10	47 111.30	57 819.80
人数（人）	124	181	232	260	271	285
人均销售额（万元）	145.70	149.30	148.60	165.20	182.00	200.00

通过本案例，管理者可总结出标杆对照定编法的基本操作步骤，如图2-8所示。

标杆对照法的基本步骤

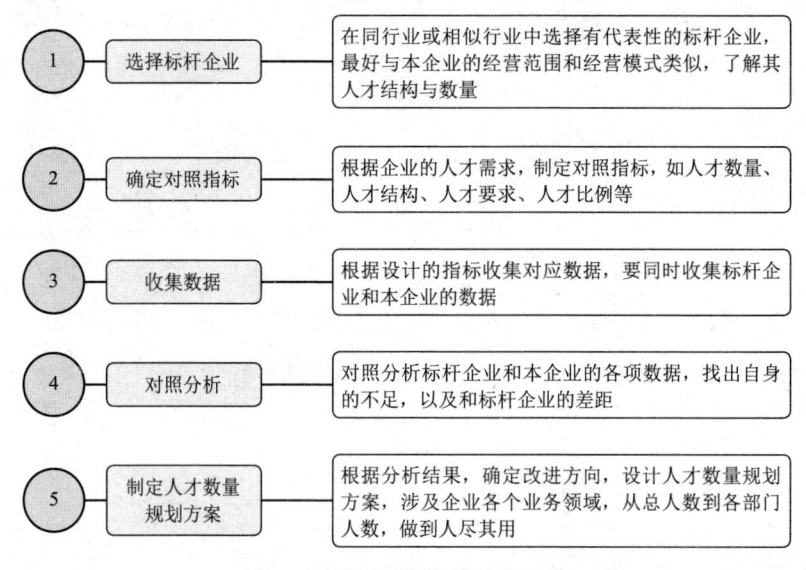

1. 选择标杆企业：在同行业或相似行业中选择有代表性的标杆企业，最好与本企业的经营范围和经营模式类似，了解其人才结构与数量

2. 确定对照指标：根据企业的人才需求，制定对照指标，如人才数量、人才结构、人才要求、人才比例等

3. 收集数据：根据设计的指标收集对应数据，要同时收集标杆企业和本企业的数据

4. 对照分析：对照分析标杆企业和本企业的各项数据，找出自身的不足，以及和标杆企业的差距

5. 制定人才数量规划方案：根据分析结果，确定改进方向，设计人才数量规划方案，涉及企业各个业务领域，从总人数到各部门人数，做到人尽其用

图 2-8　标杆对照法的基本步骤

2.1.5　预算控制法

预算控制法即通过企业人工成本预算，控制企业内部的人员数量。一般在年初时，企业便要制定经营成本预算，人工成本预算是其中的重要一环。负责人可根据人工成本总预算分解出各部门人工成本预算，再按照预算决定各部门岗位人数，如图2-9所示。

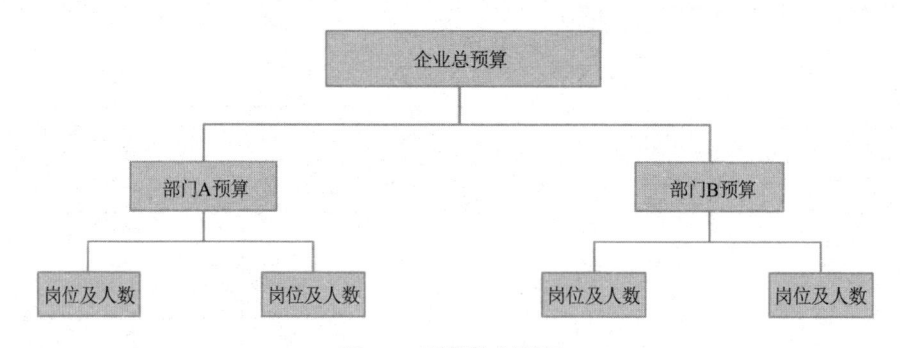

```
           企业总预算
          /         \
    部门A预算       部门B预算
    /      \       /      \
岗位及人数 岗位及人数 岗位及人数 岗位及人数
```

图 2-9　预算控制图解

下面通过案例来认识如何通过预算控制人数。

实用范例 预算与员工人数的控制关系

××企业为钢笔生产制作企业，全年的生产量大概在10万支，共有生产工厂三处，分别是一厂、二厂和三厂。2024年年初，一厂被分配了4万支产量，不计较合格率，每天需生产112支钢笔。除去生产损耗、采购费用、设备损耗费用等杂费，生产员工成本预算为90.00万元，每月人工支出75 000.00元。

下面提供两种用人方案，一是生产人员10人，每人每月人工费用为7 500.00元；二是生产人员12人，每人每月人工费用为6 250.00元。

结合生产量考虑，选择方案一更佳，不仅能完成产量，还能让员工更有动力，预算方面也有压缩的空间。

通过案例可以了解到，在利用预算控制法时，管理者一定要结合企业资源和工作任务量来合理编制员工人数。

预算控制能使企业有效控制员工人数，避免额外招聘员工增加企业人事负担，同时鼓励企业追求绩效管理和技术进步，节约企业资源，更好地发展自身。

2.1.6　人员配比定编法

人员配比定编法是指以某一与岗位工作任务量相关的代表性标志物为对象，用该代表物的数量与定员人数的比例关系，来体现定员标准的一种技术方法。

图2-10展示的概念图解能够帮助管理者更加详细地了解人员配比定编法，从图2-10中可以知道，企业员工总量一般由业务员工数量和职能员工数量构成，这两类员工之间是有一定的比例关系的，且管理人员与普通员工之间也存在一定的比例关系，这为企业定编提供了新的方式。

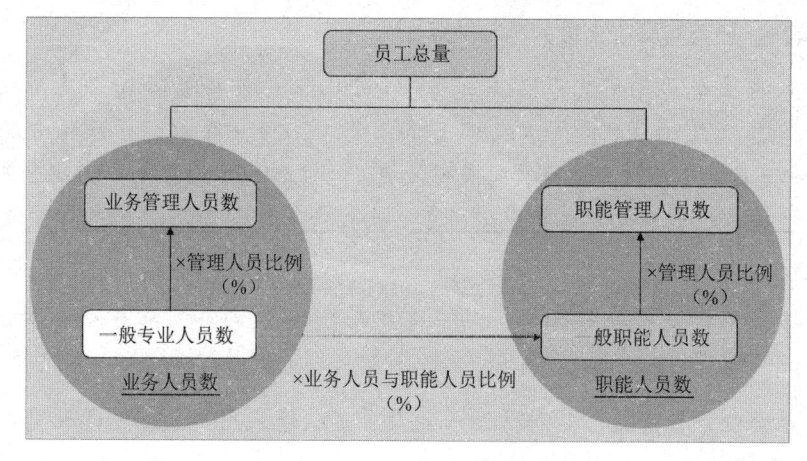

图 2-10 人员配比定编图解

一般来说，同行业中各企业的岗位编制有一定相似性，岗位间的合作关系也类似。一类岗位与另一类岗位可能会在数量上形成标准比例，或者某类岗位人数会随着其他岗位人数的变化而变化，如人力资源岗位和企业总人数的比例可以在 1∶80～1∶1 000。设定标准的比例，便可通过企业总人数计算出人力资源人数。计算公式为：

$$M=T\times R$$

M 为定员人数，T 为员工总数、某类人员总数或服务对象人数，R 为定员的标准比例。这种定编方法适用于辅助类和支持类岗位的定员，如人力资源、财务、行政等岗位。人员配比的基本步骤如图 2-11 所示。

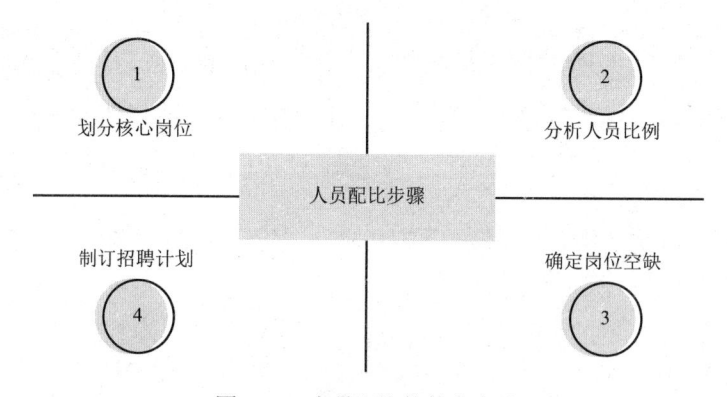

图 2-11 人员配比的基本步骤

下面通过一个具体的案例来了解如何通过人员配比定编法定员。

实用范例 通过人员配比定编法计算有关岗位人数

××企业在过去五年间，生产人员、设备维修人员、基层管理人员的数量比例为100∶8∶5。来年，该企业计划扩大生产规模，新招生产人员800人，但同时有20名设备维修人员和5名基层管理人员离职，还有3名基层管理人员升职。

假设，企业的生产效率和组织结构保持不变。那么，来年企业需对外招聘多少名设备维修人员和基层管理人员，才能满足固有的人员结构呢？

①由于扩大生产规模，企业需要新招生产人员800人，继而需要新招设备维修人员和基层管理人员。在生产效率和组织结构保持不变的情况下，人员构成比例也不变，那么对应新招的设备维修人员和基层管理人员数量计算如下：

新招设备维修人员 =800×8÷100=64（人）

新招基层管理人员 =800×5÷100=40（人）

②结合离职的设备维修人员数量，来年该企业需要招聘设备维修人员总计84（64+20）人。

③而因为基层管理人员的离职和晋升，来年该企业需要招聘基层管理人员总计48（40+5+3）人。

综上，××企业来年至少应招收84名设备维修人员和48名基层管理人员。

2.1.7 马尔科夫转移矩阵法

马尔科夫转移矩阵法即通过转移概率矩阵，对市场占有率进行市场趋势分析的方法，现在也可用于人才数量预测与规划，通过分析企业员工流动规律，测算人才数量。

知识扩展 马尔科夫分析理念

马尔科夫分析理念认为，一个系统的某些因素在转移中，第 n 次结果只受第 $n-1$ 次的结果影响，只与当前所处状态有关，与其他无关。马尔科夫分析中特别提出了"状态转移"这个概念，所谓状态是指客观事物可能出现或存在的状态，状态转移是指客观事物由一种状态转移到另一种状态的概率。

下面通过具体的案例来认识马尔科夫转移矩阵法。

实用范例 通过状态转移测算人员数量

××企业销售A组的销售员近三年的平均异动比例，见表2-6。

表2-6 销售员平均异动比例

岗 位	升 级	降 级	离 职	剩 余
金牌销售员			10%	90%
银牌销售员	5%	5%	20%	70%
初级销售员	20%		20%	60%

假设金牌销售员年初人数为50人，银牌销售员年初人数为100人，初级销售员年初人数为200人，根据平均异动比例，可以推算××企业下一年的人员变动情况，见表2-7。

表2-7 销售员异动情况

岗 位	年初人数	升级	降级	离职	下级晋升（上级降级）补充	年末人数
金牌销售员	50			5	5（晋升）	50
银牌销售员	100	5	5	20	40（晋升）	110
初级销售员	200	40		40	5（降级）	125
总 计	350					285

由表2-7可知，金牌销售员年初50人，离职5人，内部晋升5人，较年初人数保持不变；银牌销售员年初100人，由于离职、升级、降级流失共30人，另有内部晋升40人，较年初增加10人；初级销售员年初200人，

由于离职、升级共流失80人，另有5名银牌销售员降级为初级销售员，较年初减少75人。

该企业年末人数总计285（50+110+125）人，较年初减少65人（350-285）。

通过人员流失变化，企业管理员可提前规划明年的销售员招聘计划，各岗位较年初的减少人数便是企业来年各岗位员工的净需求数。

2.1.8 德尔菲法

德尔菲法是一种反馈匿名函询法，又称专家调查法，大致流程是针对所要预测的问题征得专家的意见之后，进行整理、归纳、统计，再匿名反馈给各专家，再次征求意见，如此循环直至得到一致的意见。

德尔菲法运用于人才定编，需经过以下五个步骤。

①第一步，设计调查问卷：通过调查问卷收集专家小组的预测意见。下面通过一个案例来认识常规的调查问卷内容。

实用范例 企业人才需求调查问卷（第一轮）

此次问卷调查是为了收集人才规划的有关信息，通过分析、处理后做好人员编制，以便更好地进行人才盘点。问卷调查只针对企业客观现状，不涉及任何具体个人，请不必顾虑，如实填写，谢谢支持！

1. 企业所属行业是？（　　）

　A. 制造业　　　B. 服务业　　　C. 农业　　　D. 其他

2. 企业规模是？（　　）

　A. 小型企业（少于50人）　　B. 中型企业（50~500人）

　C. 大型企业（500人以上）

3. 企业目前是否有招聘计划？（　　）

　A. 是　　　　　　　　　B. 否

4. 如果有招聘计划，预计招聘人数是多少？（　　）

　A. 5人　　　B. 10人　　　C. 15人　　　D. 20人

5. 企业目前最需要招聘的人才类型是？（　　）
   A. 技术人才　　B. 管理人才　　C. 销售人才　　D. 其他
6. 企业对于应届毕业生的需求情况是？（　　）
   A. 非常需要　　B. 需要　　C. 一般　　D. 不需要
7. 企业对于有工作经验的人才需求情况是？（　　）
   A. 非常需要　　B. 需要　　C. 一般　　D. 不需要
8. 企业对于具备专业技能的人才需求情况是？（　　）
   A. 非常需要　　B. 需要　　C. 一般　　D. 不需要
9. 企业对于具备语言沟通能力的人才需求情况是？（　　）
   A. 非常需要　　B. 需要　　C. 一般　　D. 不需要
10. 企业对于具备团队协作能力的人才需求情况是？（　　）
    A. 非常需要　　B. 需要　　C. 一般　　D. 不需要
11. 企业对于具备创新能力的人才需求情况是？（　　）
    A. 非常需要　　B. 需要　　C. 一般　　D. 不需要
12. 企业对于具备领导能力的人才需求情况是？（　　）
    A. 非常需要　　B. 需要　　C. 一般　　D. 不需要
13. 企业对于具备跨文化交流能力的人才需求情况是？（　　）
    A. 非常需要　　B. 需要　　C. 一般　　D. 不需要
14. 企业对于具备行业背景的人才需求情况是？（　　）
    A. 非常需要　　B. 需要　　C. 一般　　D. 不需要
15. 企业对于具备国际视野的人才需求情况是？（　　）
    A. 非常需要　　B. 需要　　C. 一般　　D. 不需要
16. 企业对于具备数字化技能的人才需求情况是？（　　）
    A. 非常需要　　B. 需要　　C. 一般　　D. 不需要
17. 企业对于具备创业精神的人才需求情况是？（　　）
    A. 非常需要　　B. 需要　　C. 一般　　D. 不需要

18. 企业对于具备行业经验的人才需求情况是？（　　）

   A. 非常需要   B. 需要   C. 一般   D. 不需要

19. 企业对于具备社交媒体运营能力的人才需求情况是？（　　）

   A. 非常需要   B. 需要   C. 一般   D. 不需要

20. 企业在人才开发方面遇到的最大问题是？（　　）

   A. 人才来源渠道不畅通，符合企业需求的人才难找

   B. 人才流失问题严重

   C. 人才信息沟通不够及时

   D. 进行员工培训的成本高

21. 本企业的中高层人员的最主要选拔渠道是？（　　）

   A. 企业内部培养、选拔   B. 企业外部招聘选择

22. 企业是否可以按需招到人才？（　　）

   A. 所有职位都可以招到合适的人才

   B. 基本上可以招到

   C. 只能招到一部分

   D. 很难招到

②第二步，组建专家小组：在企业人力资源部、财务部及各职能部门选择管理人员和高级技术人员组成专家小组成员，对人才需求进行调研、讨论和分析。

③第三步，首轮调研：组织者向专家小组发布调查问卷（第一轮），整理问卷调查结果，归并同类数据，排除次要数据，就首轮调研结果进行讨论，提出反对与认同的意见，专家之间彼此交换意见。

④第四步，开展二轮调研：根据第一轮结果反馈，重新填写调查问卷，就问卷数据结果进行统计、讨论。

⑤第五步，反复循环达成一致：在不断调研与讨论中达成一致的小组意见，汇总意见结果，运用到人员定编中。

2.2 如何操作人才数量规划

人才数量规划与企业规模、经营预算、战略目标、人才类型、行业特点、组织结构等因素有关，变量过多，预测时难以做到精准。其实，管理者只要把握测算的关键环节，按照测算的基本逻辑进行，即使不够精准也无大碍。很多时候，企业进行人才数量规划，不是只看重一个死板的数字，更看重数量与各影响因素的平衡关系。

2.2.1 层层定编，有序规划

人才规划并不是一步到位，或者通过一个简单计算公式便敲定完成的，管理人员应该认真走好每一步，让最终的数据更加精准，更符合实际。那么，哪几个步骤是管理者必须重视的呢？来看下面内容。

（1）规划前做好相关调查

为了保证结果的高精准度，管理者首先要对企业现有情况进行调查了解，收集与员工数量有关的数据，如现有员工数量、企业营业额、销量、人力资源产出、人均净利润等。

接着根据企业历史数据展望未来，对企业之后的业务数据和效益数据进行预测，设置合理的增长比例，一般以三年或五年为时间期限。如企业过去三年的营业额为3 000.00万元、4 000.00万元和4 500.00万元，经过对市场趋势和企业资源的评估，可以设定或预测企业未来三年的营业额为6 000.00万元、8 000.00万元和1.00亿元。

（2）测算需求员工总量

对企业业务有了清晰的展望后，管理者便要对人效目标进行合理规划。所谓人效即为人力资源效能，有两层含义，一是人力资源有效性，指人力资源管理达成目标的程度；二是人力资源效率，反映人员的投入产出。

人效目标既要参考业务目标，又要参考历史数据，且可通过多项数据来表达，如人均净利润、人均销售额、人均回款、人均产量、人均产值等。

设置好人效目标后，管理者便可通过劳动效率法测算人才需求总量，公式为：

$$员工总数 = 业务目标 \div 人效目标$$

管理者可选择不同的指标来表示业务目标和人效目标，但不管用什么指标，得到的员工总数也不是最终的，而是要结合其他数量规划方法，互相参考。

（3）测算业务员工数量

业务类员工指在组织中担负具体专项经济业务的工作人员，如生产、销售等。由于这类员工创造的效益能够直观反映和计算，且工作效率和业绩趋于稳定，因此，管理者可根据历史数据和业绩目标直接计算出需求员工数量。

如某企业销售员人均销售合同额为100.00万元，在企业经营模式没有大改变的情况下，计划下一年的营业额达到3.00亿元，则企业大概需要销售员300名。若企业对销售员的人效有更高要求，假设下一年要求人均销售合同额达到120.00万元，那么可据此对销售员数量进行调整，即销售员可在250～300人之间。

对于生产员工数量，在外部市场环境变化不大的情况下，一般通过人均产值或人均产量测算。

（4）测算职能员工数量

在确定业务员工数量后，管理者可通过历史数据确定不同岗位之间的比例关系，按人员配比法计算有关职能岗位的员工数量，包括财务、行政、人事等。

因为大多数职能员工不可直接创造利润，因此，企业对该类员工的人力成本控制较为严格，很多企业会参考人力成本预算来控制职能岗位员工数量，计算公式如下：

职能员工数量 = 职能岗位人工成本总额 ÷ 职能岗位人均薪资

（5）测算管理员数量

企业管理人员的数量与组织结构、部门类型、管理幅度息息相关，管理者可通过人员配比法分别计算业务部门的管理人员数量及职能部门的管理人员数量。

由于部门性质有差别，因此业务部门与职能部门的管理岗位和其他岗位的比例关系差距较为明显，管理者应该综合历史数据分开考量。

在得出计算结果后，管理者还要依据企业管理水平和管理幅度进行调整，有的企业组织结构简单，管理员数量少，管理幅度大；有的企业组织结构复杂，管理员数量较多，管理幅度小。

（6）重新计算员工总数

经过层层分解测算，企业需要重新计算员工总数，对比一开始的测算数据进行调整。如果数据差异较大，可采用加权平均法求取加权平均值，数据权重的设置以实际情况为主。

2.2.2 调整规划员工数量达到平衡

企业员工数量并不是一成不变的，在企业环境和目标发生改变的时候，管理者还需结合实际情况进行调整，员工总数、部门人数与岗位人数需要达成一种平衡，使员工数量既符合岗位要求又符合企业整体需求。

要使人才规划达到平衡，需要结合两大指标——人效指标和人员配比。下面通过一个案例了解如何平衡人才数量。

实用范例 ××企业人才数量平衡调整

××企业是一家服装销售企业，共有员工470人，其中销售人员175人（主管12人），职能员工295人（主管15人）。经过十年的发展，该企业已经有稳定的市场和销售渠道，但想要更上一层楼却十分不易。企业管理层想要改变其固有的人才结构和组织结构，重新开发新的项目。

不过，人才的规划并不像想象中那么顺利，需不需要新设岗位、需不需要合并岗位，这些问题都没有得到解决，企业现有的人才储备也不能支持业务的发展，企业发展陷入僵局。

企业人力资源主管外出深造后，决定对企业进行人才数量规划。

2024年，××企业的销售额达到7.80亿元，人均销售额450.00万元，相比市场平均水平较低。因此，在设计2025年的销售目标时，管理者将数额提高到12.00亿元，需要销售人员267人。不过这样似乎极大地增加了人力成本，因此，结合市场人均销售额，该企业将明年的人均销售额定为530.00万元，并想办法提高资源供给，帮助销售人员完成工作目标。

通过劳动效率法可以计算出××企业2025年所需销售员工数量为：

$1\,200\,000\,000.00 \div 5\,300\,000.00 \approx 227$（人）

这个数值与267人对比差距不大，管理者可根据227与267计算加权平均值，经过各方平衡，该企业直接将销售员工数量确定为227人。

通过分析该企业人员结构发现，除了销售人员，企业剩余人员以管理人员和职能员工为主，表2-8是该企业的人员配比关系。

表2-8　××企业人员配比关系

配比关系	2024年	过去三年平均值	市场平均值
销售人员/职能人员	0.59	0.63	0.83
销售主管/销售人员	0.07	0.1	0.12
职能主管/职能人员	0.05	0.07	0.1

结合表格所示的数据，××企业的管理层经过讨论，决定采用加权平均方式确定2025年销售人员与职能人员的配比比例。计算如下：

销售人员／职能人员 =0.59×50%+0.63×20%+0.83×30%=0.67

职能人员数量=227÷0.67≈339（人）

接下来需进一步确定管理人员的数量。这需要分开计算，首先计算销售主管与销售人员的配比比例，计算如下：

销售主管／销售人员 =0.07×60%+0.1×10%+0.12×30%=0.088

销售主管数量=227×0.088≈20（人）

职能主管与职能人员的配比比例，计算如下：

职能主管／职能人员 =0.05×60%+0.07×10%+0.1×30%=0.067

职能主管数量=339×0.067≈23（人）

××企业管理人员总计43（20+23）人。

第3章
用人标准，构建操作基石

　　企业的用人标准决定了人才选拔和发展的标准，要判断人员与岗位是否匹配，可以采用胜任力模型，制作符合企业经营发展的胜任力标准。根据胜任力标准，管理者可一目了然地看出人员能力与岗位要求的差距。

3.1 人才盘点运营的要点

要想做好人才盘点，管理者首先应该对人才盘点的概念、涉及方、基本流程以及影响因素有所了解，只有这样才知道如何着手人才盘点运营工作，哪些环节更为关键。

3.1.1 人才盘点运营的角色分工

可能很多人都以为人才盘点工作是由人力资源部负责的，其实，人才盘点工作涉及企业内部大多数成员，不同成员在盘点工作中扮演的角色和分工各有不同，具体见表3-1。

表 3-1 人才盘点工作的角色分工

职　位	角　色	分　工
首席执行官（CEO）	①盘点工作的监督者 ②盘点工作的第一责任人	①对直系下属进行评价 ②听取部门主管的人才盘点汇报 ③监督各部门落实盘点后续工作
人事主管	①盘点工作的核心推动者 ②盘点方案、方法的解释者	①制定人才盘点方案，提供盘点方法与工具 ②解答人才盘点各环节中的疑问 ③主持人才盘点会 ④评估盘点后续工作的执行情况
人力资源管理（HR）	人才盘点推动者	①解答人才盘点各环节中的疑问 ②组织人才盘点会 ③监督盘点后续工作的执行情况 ④协助部门主管完成人才盘点汇报材料的准备
部门主管	①人才盘点责任人 ②盘点工作的关键参与者	①对下属进行客观评价 ②听取部门管理人员的人才盘点汇报 ③监督各部门落实盘点后续工作 ④准备人才盘点会的汇报材料并做好汇报 ⑤参与完成测评

续上表

职 位	角 色	分 工
部门管理人员	盘点工作的关键参与者	①对下属进行客观评价 ②做好盘点工作的后续事项，利用盘点结果实施各项人才计划 ③作为被调研对象完成测评 ④向上级汇报人才盘点工作
基层员工	①盘点工作参与者 ②被调研对象	①参与完成各项测评 ②填写各种评估表格或数据收集表格

虽然人才盘点工作涉及不同人员，不过，人力资源作为人才盘点工作的主要推动者，要严格要求自己，在工作过程中时刻谨记自己的角色，做好以下三个方面。

一是宣贯公平原则，保证人才测评的公平公正，确保人才盘点结果全面、真实、可靠。尤其是涉及主观测评的部分，一定要强调客观、公正，并设置申诉机制。

二是定期宣传人才管理理念，让全企业都重视人才培养和人才划分，重视人才盘点工作，这样更好推进各种人才管理工作。

三是让上级管理者清楚人才管理的重要性，将人才盘点作为战略规划的一部分，由上至下，由下至上，改变人才结构。

3.1.2 人才盘点操作基本流程——准备工作

人才盘点项目涉及人员众多，各项工作千头万绪，管理者若是不能按流程进行，很难顺利得到人才盘点的结果，还会使盘点工作变得混乱。下面对人才盘点的基本流程进行介绍。

开始盘点工作前，管理者首先要确定人才评价标准，然后对盘点过程中可能用到的工具和表格进行整理。该环节中有哪些重点工作需要注意呢？如下所示。

（1）召开讨论会

为了让企业内部全体员工知晓人才盘点工作的意义，并在开展工作时得到各部门的支持，管理者可以召开讨论会，说明人才盘点的重要内容，包括价值、持续时间、涉及部门和人员、结果运用等。讨论会需要解决这样一些问题。

①人才盘点的最终目标是什么？与企业战略目标的关系是什么？

②人才盘点工作对企业人效以及效益产生哪些影响？

③各部门人员在人才盘点工作中的角色和分工分别是什么？

④人才盘点策划及推动者需要获得什么样的帮助？

⑤人才盘点会占用企业员工多少时间？会增加其工作量吗？

在讨论会上，为了更好地说明人才盘点工作的实施关键，解答各种疑问，组织者可以分发制定的人才盘点指导手册或制度文件，通过更细节的书面材料让有关人员更清楚地理解人力盘点工作。下面是某公司制定的人才盘点管理制度。

实用范例 人才盘点管理制度

为了掌握公司现有在职员工的工作胜任能力、工作绩效、工作量、培养和发展潜力等指标情况，动态掌握人才数量、质量、配置等各项指标的匹配度，提供公司人才发展保障计划的数据支撑，特制定人才盘点管理制度。

1 人才盘点类别

1.1 年度人才盘点（略）

1.2 阶段性人才盘点（略）

2 人才盘点的组织机构及相关职责

2.1 人才发展管理委员会

由集团总裁、集团副总裁、各中心总监(含副职)、分子公司总经理组成，负责审批人才盘点的相关制度，指导并监督公司人才盘点工作，对盘点结果及结果运用进行审批。

2.2 人力资源部门

负责建立和完善本公司人才盘点制度,确定盘点时限、各项盘点(测评)的标准、指标体系,配套人才盘点工具、表单,组织和协调盘点过程,汇总和分析盘点数据,形成盘点结果报告与改进建议。同时负责公司人才盘点的组织、培训、实施及盘点结果运用等工作。

2.3 其他部门负责人

在人力资源部门的组织下负责实施人才盘点的具体工作,参与盘点指标的制定,完成盘点评分,对盘点结果负有保密责任。

3 人才盘点实施步骤

3.1 建立人才盘点标准

3.1.1 根据公司经营与发展需要,确定当期人才盘点范围。

3.1.2 根据盘点范围和盘点目的,收集组织结构图、岗位说明书、组织管理手册或岗位考核标准等文件。

3.1.3 对所盘点岗位信息进行逐项分析,根据岗位说明书或者组织管理手册确定岗位胜任力模型,对盘点岗位的胜任力指标及特征进行分析,建立通用岗位胜任力素质模型和特定岗位胜任力素质模型。

3.1.4 设计岗位胜任力的标准化评分模板表单,通过与各级领导沟通,达成各级各项评分维度及指标的量化标准并分配适度的权重。

3.1.5 根据不同的测评目的及测评指标特性,选择适合的人才测评方法,确保测评结果的准确与可靠。

3.1.6 对人才盘点的目的、意义、制度、流程、工具、表单等,进行内部制度宣贯。

3.2 人才盘点的维度及指标

3.2.1 岗位胜任能力:员工工作所需具备的基本条件,主要包括专业知识、技能、经验、资源和工作态度等。

(1)基本素质分析:年龄、学历、工龄、本专业工作年限、同岗工作年限、资格证书、参加过的培训等信息。

(2)岗位胜任状态:工作态度、专业水准等,可采用360度评价法进行评估。

3.2.2 工作绩效（略）。

3.2.3 公司环境适应度（略）。

3.2.4 培养和发展潜力（略）。

3.3 人才盘点的实施

3.3.1 量化评价如下：

（1）员工自评（略）。

（2）关联岗位评分（略）。

（3）中心／部门领导评分（略）。

（4）分管领导评分（略）。

（5）人力行政中心／综合部根据相关人员的评分结果，结合不同层级的评分和权重，对数据进行汇总和综合分析，形成公司人才盘点报告。

3.3.2 评分权重：员工自评占比10%、关联岗位评分占比20%、中心／部门领导评分占比40%、分管领导评分占比30%。可依据不同的盘点目的进行当期权重调整。

3.3.3 评分纠偏如下：

（1）确定一个修正系数，以解决因评分严苛程度不同导致的分值差异。

（2）如某员工的评分结果存在明显偏低或偏高的情况，人力行政中心组织相关人员与该员工的直接上级沟通，深入了解员工评分结果的真实情况，进行合理的纠偏或复评。

（3）如某个中心／部门的整体评分结果存在整体偏高或偏低的异常现象，人才组织委员会对该部门所有的评分结果进行直接纠偏或者复评。根据纠偏结果或复评数据，对该部门的评分结果进行最终调整。

3.3.4 人才盘点的辅助工具可适时引入行业内权威的测评软件工具，对现有员工及部门进行360度系统评估，其结果可作为公司内部人才盘点结果纠偏和持续改进的参考依据。

4 人才盘点结果应用

4.1 编制验证，团队优化（略）。

4.2 人才评价，梯队建设（略）。

4.3 人岗匹配，优胜劣汰（略）。

4.4 激励引导（略）

5 附则（略）

（2）收集员工信息，汇编档案

收集人才盘点对象的信息，可有效提高测评准确度。员工信息档案应包括任职基本信息、绩效评估和发展计划三大部分。

①任职基本信息：包括员工的任职岗位、部门、上级人员和工作经验等，可对员工在企业内的基本处境有一定了解。

②绩效评估：包括绩效考核结果、各项能力评估、所具备的潜能、优劣势等，有助于划分员工等级，一般由直接上级或隔级上级填写。

③发展计划：了解员工发展的真实想法，才能做出符合员工意愿的培养计划。

企业可设计表格收集信息，并汇编档案，表3-2为员工个人档案表。

表 3-2　员工个人档案

任职基本信息							
姓名		部门		岗位名称			
职级		直接上级		隔级上级			
工作经验：							
绩效评估							
近三年绩效得分	××年		××年		××年		平均分
各项能力评估	领导力		责任心		应变能力		总体评价
潜能评价	观察力		好奇心		求知欲		创新性

续上表

绩效评估				
优势项	沟通能力	影响力	战略眼光	……
缺陷项	性格风险	……	……	……

发展计划			
目标	期限	行动	备注

（3）组织盘点

组织盘点是准备工作中的要点，在第1章已经介绍过了。管理者对企业组织结构应了然于胸，方便在后期发现并调整组织结构中的问题，使之符合企业人才发展计划，提高组织人效。

3.1.3 人才盘点操作基本流程——评估工作和结果运用

人才评估是人才盘点的主要方式，也是人才盘点的关键环节，能够为企业的人力资源管理提供数据支持和参考。这一环节可能会持续很长时间，还会经过不同阶段，具体见表3-3。

表3-3 评估的基本程序

程　序	时　间	内　容	目　的
搭建模型	约两个月	搭建各层级员工的胜任力素质模型	明确各级人才要求，构建人才衡量标准
测评/评估	约一个月	通过各种人才测评工具对有关对象进行评估，可线上评估	收集需要的数据，完成数据诊断

续上表

程　序	时　间	内　容	目　的
校准会	约一个月	多方参与讨论，针对不同层级的员工梳理、统计和分析员工的业绩、能力、潜力、综合排序和个人发展计划	分析现状，得出结果，提出发展建议

人才校准会后，盘点工作进入到最后一个阶段，即对结果的运用，这是体现人才盘点作用的关键环节，具体工作内容如下所示：

①各部门对盘点结果进行反馈。

②HR协助部门主管制订高潜人才发展计划。

③修订绩效考核制度、人才选拔制度。

④观察盘点效果，看其是否按最初设想起到了作用。

⑤做好团队层面的人才配置。

3.2　人才标准描绘人才

企业发展阶段不同，战略目标不同，对人才标准的要求是不同的。人才标准是什么？如何编制人才标准？下面进行具体了解。

3.2.1　人才标准的几大误区

企业招聘人才，补充人力资源时，是否想过所招聘的人才是不是企业需要的，该名人才又是否具备发展潜力，招聘人才依据的又是什么呢？可能很多人都会说是任职要求。

表面看是这样的，很多人都认为任职要求就是所谓的人才标准，其实这是一大误区。人才标准可以锚定岗位需求，通过建立人才标准，企业能够对人才进行评估，了解员工是否有改进的空间，进而开展人才培养与管理工作。下面具体介绍人才标准的两大误区。

（1）人才标准 = 任职要求

什么是任职要求呢？在某招聘网站上搜索招聘信息，可以看到图3-1中的任职要求（广告设计师）。

```
职位要求：
1. 学习力、执行力强，坚持、有耐心。
2. 有一定写作能力和文字功底。
3. 工作经验不限，打字速度最低40字/分。
4. 个人居住地址要离公司近，交通方便。
5. 需要会的软件：CDR、PS、AI。
6. 需要会设计彩绘，手工绘画设计。
晋升通道：可根据个人能力，后期发展至设计经理。
工作时间：8:20—12:00，13:30—18:00，月休平均6天。
我们需要一位长期的设计师，短期勿扰！
```

图3-1 广告设计师任职要求

从图3-1可以看出该职位的任职要求非常具体，是从事某一岗位工作的人员应当具备的资格条件，包括文化水平、工作经验或经历、技术业务水平等。

但与能力素质不同的是，任职资格主要体现在对知识与技能方面的要求。而这些要求是对岗位普通员工的要求，据此难以招到非常优秀或有潜质的员工，而且任职要求中同样看不到对岗位业绩的要求。

（2）人才标准 = 能力素质模型

由麦可利兰提出的能力素质模型，在人事管理中运用颇多，是评价员工的重要工具。能力素质模型可划分为五个层次。

①知识。

②技能。

③自我概念，即态度、价值观和自我形象等。

④特质。

⑤动机。

不同层次的能力素质在个体身上的表现形式不同，可通过冰山理论来理解，知识和技能属于海平面以上的浅层次部分，而自我概念、特质、动机属于潜伏在海平面以下的深层次部分。真正能够把优秀人员与一般人员区分开的是深层次部分。

而人才标准并不局限于能力素质模型，具体体现在以下两个方面。

①能力素质模型更注重挖掘海平面以下的深层次部分，往往针对的是高级别人才，以此建立的人才标准容易忽略对知识储备和技能的要求。

②能力素质并不能体现人才的绩效水平以及真正的工作效率，人才不仅仅要具备一定能力，还要能够实实在在做出业绩，HR 在编制人才标准时必须考虑到这一点。

企业在编制人才标准时常常因为理念的偏差，导致人才标准不够精准，为了更好地搭建人才标准模型，管理者应该尽量避免走入这两大思维误区。

3.2.2　搭建人才标准框架

为了制定更全面的人才标准体系，保证人才标准能够体现人才的初级水平、隐性水平和绩效水平，管理者应遵循几个条件。

①人才标准既要满足岗位需求，又要满足组织战略发展需求。

②同时兼顾能力素质模型的五个层次，即使不是同等重视，也不忽略任何一类。

③将工作态度与工作业绩作为重点内容，重视人才创造的价值。

④划分人才标准的层次，区分优秀人才与普通人才。

在满足这四个条件后，管理者可搭建人才标准基本框架，见表3-4。

表 3-4 人才标准基本框架

满足需求	标准要素			
岗位需求	基础要素	教育经历：	……	
		从业年限：	……	
		专业资格：	……	
		所会技能：	……	
	进阶要素	业务水平	关键事件	领导力
		良好的业绩表现	如扭亏为盈、产品创新	有领导团队进步的能力和经验
		发展潜力	……	……
		是否有战略眼光或多栖人才，拥有众多技能		
战略需求	认同企业文化	性格契合度	品质要求	……
	职业追求和基础价值观是否与企业文化相符	为人做事是否与企业文化相符	有职业道德和工作责任心	

3.3 胜任力模型搭建方式

人才标准可以通过胜任力模型来建立，企业中不同岗位所要求员工具备的胜任力内容和水平是不同的，担任某一个特定的岗位角色所必须具备的胜任力总和被称为"胜任力模型"（competency model）。很多公司为了做好人岗匹配，越来越重视建立一套适合本企业的模型。胜任力模型如何搭建呢？主要有以下三种方式。

3.3.1 行为事件访谈法

行为事件访谈法（BEI）是一种开放式的行为回顾式探索技术，是揭示胜任特征的主要工具，通过对绩优员工和普通员工的访谈，获取达到超高绩效的必要素质。绩优员工与普通员工的访谈比例一般为2∶1。

访谈最主要的过程是请受访者回忆过去半年（或一年）在工作上最感到有成就感（或挫折感）的关键事例，挖掘出影响目标岗位绩效的非常细节的行为。其中包括：

①情境的描述。

②参与人员。

③实际采取了哪些行为。

④个人的感受和收获。

⑤最终结果如何。

结束访谈后，再对收集到的具体事件和行为进行汇总、分析，通过对比绩优员工和普通员工的关键信息，就可以找出目标岗位的核心素质。除了岗位员工，负责人最好也对该岗位的上级管理人员进行访谈，方便了解企业管理层对该岗位的要求和战略上的需求，可以修正胜任力模型，方便后期人才培养与筛选。

行为事件访谈需要经过四个步骤，每个环节的要点分别如下：

（1）简单介绍

正式访谈前，访谈者先简单自我介绍，然后说明此次访谈的目的以及基本流程，注意三个问题。

①录音问题：为了保证不遗失或忽略细节信息，访谈过程可以全程录音，但需要在访谈开始前征求被访谈者的意见，明确告知录音的目的与必要性，建立彼此的信任关系。

②保密问题：为了让被访者打消顾虑、畅所欲言，访谈者需向对方表明此次访谈的保密性。

③时限问题：向被访谈者说明此次访谈大概会耗费多少时间，让被访谈者安心接受访谈。

(2)初步了解对方工作内容

通过对被访者的岗位工作内容进行了解,管理者可构建该岗位的整体图景,主要包括这样一些内容。

①部门信息:包括部门职能、部门人数、部门分工、部门主管等。

②权力结构:包括部门上级管理者、部门内部管理人员及管理幅度、部门下级小组等。

③岗位职责:包括日常工作内容、主要工作职责等。

④工作经历:包括进入企业后的工作轨迹(升职、降职或转岗),之前的工作经历等。

(3)行为事件访谈

利用STAR工具进行行为事件访谈,让被访者清楚详细地说明岗位工作中最成功和最失败的两到三件事。图3-2为STAR工具的四个问题。

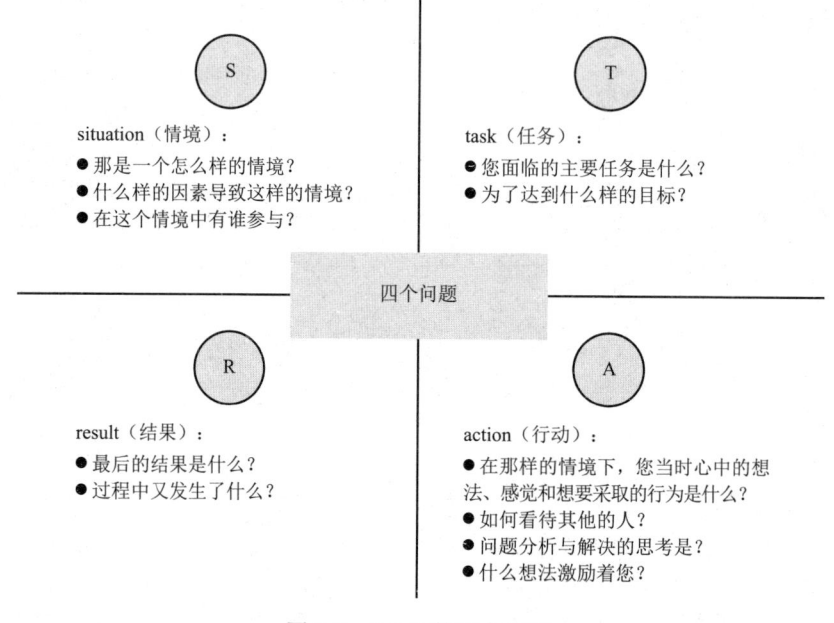

S

situation(情境):
- 那是一个怎么样的情境?
- 什么样的因素导致这样的情境?
- 在这个情境中有谁参与?

T

task(任务):
- 您面临的主要任务是什么?
- 为了达到什么样的目标?

四个问题

R

result(结果):
- 最后的结果是什么?
- 过程中又发生了什么?

A

action(行动):
- 在那样的情境下,您当时心中的想法、感觉和想要采取的行为是什么?
- 如何看待其他的人?
- 问题分析与解决的思考是?
- 什么想法激励着您?

图3-2 STAR的四个问题

如下例所示为胜任力模型访谈提纲，访谈者可参考一二。

实用范例 胜任力模型访谈提纲（销售岗位）

1. 请问您在公司工作多长时间？（基本信息）

2. 您在该岗位上工作多少年？（基本信息）

3. 描述您所在部门的组织机构及部门职能。您在部门中向谁汇报？有多少员工直接或间接向您汇报？（基本信息）

4. 请描述您的职责与职权、工作目标或结果领域。（基本信息）

5. 请您介绍自己部门不同产品的营销策略，以及您觉得比较好的营销策略。（知识）

6. 请您举例描述自己认为最典型的三件成功案例或三件失败案例。（技能）

7. 您在一周内通常花多少时间完成什么职责或工作(任务)？如果可以，请估算一下各项工作所占时间百分比。（技能）

8. 您认为在该职位上工作时，遇到最大问题或挑战是什么？请详细描述。原因是什么？您是如何处理这些问题或挑战的？（技能）

9. 您现在完成的主要工作方式与您刚接手这项工作时所用方式有什么不同？（技能）

10. 您认为对销售岗位考核的关键指标是什么？这些指标可以证明什么？（认知）

11. 您认为高绩效销售与一般销售的差别在哪里？（认知）

12. 您认为优秀销售（或品质、技术、生产等）人员的特征是什么？与其之间的差距有多大？（自我认知）

13. 高绩效销售的行为表现是什么？（认知）

14. 您认为与标杆企业（或竞争对手）的差距或短板在哪里？（认知）

15. 您认为技术、知识对于完成岗位工作的重要程度如何？需要哪些知识？如何获得这些知识？（知识）

16. 您是否在工作上制订一些计划？如果有，那么您是如何实施这些计划的？（特质）

17. 您不得不进行最难的决定有哪些？以及您是如何决定的（包括决定

所用的时间)？结果如何？（特质）

18. 您觉得推动您把工作做好的原因主要是什么？（动机）

19. 您要书写哪些报告？频率如何？采用什么形式？（基本信息）

利用STAR工具设计提纲一定要考虑提问技巧，才有可能捕获到想要的关键信息，以下一些注意事项需要访谈者了解：

①从正面的事件开始，提高员工表达的意愿。

②遵循事件本身的时间顺序。

③丰富有关事件的客观细节，如时间、地点和心情，有助于被访者回忆起当时的关键点。

④强化被访者理解何为有用的素材，通过不断地强化，训练被访者懂得如何描述此类事件。

⑤注意访谈过程中可能会引发被访者的情绪反应。

⑥一次只描述一个情况，注意探究其行为模式。

⑦避免被访者泛泛陈述或输出理念，访谈者注意将话题转换到具体事件中。

⑧一般不使用"为什么"询问，会使对方陷入理论描述的模式中，而不是描述事实。可用"当时是什么情况促使您这样做？"代替。

⑨避免使用现在式和未来式的问法，容易得到假设性的答案。

⑩避免使用假设性问题，如"您当时觉得该如何做？"一般用"您当时做了些什么？"替代。

⑪避免使用引导性问题或直接跳向事件结论。

（4）总结胜任特质

访谈结束后，访谈者需要对岗位胜任特征进行总结、提炼，可自行总结，也可直接向受访者询问，将自己总结的特征与受访者认为的特征相对比，进一步验证、取舍，得到岗位胜任能力项。

最后礼貌结束访谈，对被访者的合作表示感谢，并留下联系方式。根据访谈内容，负责人可以开始搭建模型，对岗位胜任能力项进行分级，并界定行为。

在访谈过程中或访谈结束后，采访者可通过行为事件访谈记录表帮助自己记录和梳理有关信息，见表3-5。

表 3-5　行为事件访谈记录表

注意事项：1.一次只描述一个情况；2.问题和回答都要具体；3.还原事实，不做引导性提问；4.不揣测和诱导被访者			
被访者信息			
姓名：		工龄：	
岗位职务：		性别：	
部门：		联系电话：	
访谈者：		访谈时间：	
访谈情况			
原则	要点	案例一（成功案例）	
S：情境			
T：任务			
A：行动			
R：结果			
原则	要点	案例二（成功案例）	
S：情境			
T：任务			
A：行动			
R：结果			
原则	要点	案例三（失败案例/问题/挫折）	
S：情境			
T：任务			
A：行动			
R：结果			

3.3.2 问卷调查法

问卷调查法是能够快速高效地在企业内部收集到素质模型材料的方法，虽然省时省力，但编制调查问卷或征询表时要投入大量精力，要求有针对性地同时抓住关键问题。问卷设计成功与否直接关系到模型数据的精准度。

下面通过实际的模板案例来了解问卷调查的基本内容。

实用范例 销售经理岗位胜任力调查问卷

您好！

公司模型构建小组将构建本公司销售经理岗位的胜任力模型。所谓胜任力就是指动机、特质、自我概念、态度或价值观、具体知识、认知或行为技能，这些可以被准确测量或计算的个体特性能够明确区分出优秀绩效者与一般绩效者。

本调查问卷旨在收集销售岗位的胜任特征，帮助搭建该岗位胜任力模型，而非对填写人员的考核评价，也不会外传。请根据您的理解填写或勾选，谢谢。

以下是本构建小组经过归纳总结得出的 20 项销售经理的胜任力，请根据您的理解对以下 20 项胜任力按照其重要程度由高到低进行排列。20 项胜任力见表 3-6。（胜任力名词释义对照请参见附文）

表 3-6　20 项胜任力征询表

1	成就导向	6	影响力	11	自信心	16	问题解决能力
2	演绎归纳意识	7	人际理解力	12	专业知识和技能	17	主动性
3	顾客服务能力	8	人格魅力（诚信、正直）	13	组织意识	18	团队合作
4	培养人才	9	收集信息	14	开拓创新	19	灵活性
5	监控能力	10	关系建立	15	学习能力	20	自我控制

请根据您的理解，按其重要程度由高到低排序：

请在相应的分数方格中为这20个项目评分打"√"，最高分为20分，最低分为1分，同一分数亦可进行多项选择。

分值	成就导向	演绎归纳意识	顾客服务能力	培养人才	监控能力	影响力	人际理解力	人格魅力	收集信息	关系建立	自信心	专业知识和技能	组织意识	开拓创新	学习能力	问题解决能力	主动性	团队合作	灵活性	自我控制
20分																				
19分																				
18分																				
17分																				
16分																				
15分																				
14分																				
13分																				
12分																				
11分																				
10分																				
9分																				
8分																				
7分																				
6分																				

5分															
4分															
3分															
2分															
1分															

附：20项胜任力名词释义对照

1.成就导向：是指个人具有成功完成任务或在工作中追求卓越的愿望。

2.演绎归纳意识：个人对于问题的分析、归纳、推理和判断等一系列活动的认知能力。

3.顾客服务能力：即为了满足客户的要求具有帮助或服务他们的愿望，即专注于如何发现并满足客户的需求。

4.培养人才：是指激发与影响他人的特殊能力，能够指导或协助一个或几个人的发展。

5.监控能力：以公司长期利益为重，适当并有效地利用个人权利或地位，对团队或项目的进展进行持续的跟踪和评估，确保其行为与既定的目标或标准相符。

6.影响力：采用让他人信服、影响他人的方式或方法使他人能够自愿支持或赞成自己的观点或判断事物准确性的能力。

7.人际理解力：暗示着一种想去理解他人的愿望，能够帮助一个人体会他人的感受，通过他人的语言、语态、动作等理解并分享他人的观点，抓住他人未表达的疑惑与情感，把握他人的需求，并采用恰如其分的语言帮助自己与他人表达情感。

8. 人格魅力（诚信、正直）：主要是指人的品德，是个人所拥有的坦诚正直、敢于负责任、赢得他人的信任和尊重的品质。

9. 收集信息：由于潜在的好奇，想对某些事、人或问题有更多的了解，并通过各种方式与渠道获取所需要的信息。

10. 关系建立：指能与人建立或保持友好、互利、良好的关系。

11. 自信心：指一种相信自己有能力或通过采用某种有效方法即可完成某项任务、解决某个问题的信念。

12. 专业知识和技能：运用所掌握的专业知识和技能满足 HR 经理岗位工作的能力，相关专业知识和技能包括人力资源方面相关专业知识与经验、相关财务分析能力、法律知识、战略管理知识以及房地产行业的相关知识等。

13. 组织意识：一种理解和了解本公司或其他组织（客户组织，供货商组织等）权力关系的能力。

14. 开拓创新：指积极面对挑战，不受陈规和以往经验的束缚，保持创新精神，不断改进工作和学习方法，特别是在没有先例或条件不利的情况下，能充分发挥自身的创造力来完成工作，以适应新观念、新形势的要求。

15. 学习能力：通过多种渠道、途径获取知识和技能，不断提高和完善自我的意识和能力。

16. 问题解决能力：用有效的方法、严格的逻辑和方式去解决问题，为了答案探寻各种有效的资源，能看到隐藏资源的能力。

17. 主动性：在没有人要求的情况下，在工作中不惜投入较多精力，努力实现工作绩效的动力。

18. 团队合作：是指以一个团队整体为己任，建立、维护并运用高效的团队；团队成员之间互帮互助、亲密合作、关系融洽；促使团队绩效表现最优化，并以此最终促进组织总体目标的实现。

19. 灵活性：具有适应不同环境、不同个性或不同人群，并有效工作的能力。

20. 自我控制：指承受较大工作压力、被激怒、面对反对意见或他人敌对时能够控制自己的情绪，克制自己的消极行动。它还包括在持续紧张的条件下保持耐力的能力。

从该案例可以看出，胜任力调查问卷一般由导语、胜任力评分、胜任力名词释义、行为表现等内容组成。虽然调查问卷法有高效、简便、经济、保密性高等优点，但缺点也很明显，一来调查对象不能灵活答题，二来调查对象只能在框架内答题，素材受限于问卷。

因此，问卷内容编制的水平会直接影响素材的水平，进而影响模型搭建的水平。

3.3.3 评价中心法

评价中心法是评价和选拔人才的一种方法，也可用于构建胜任力模型，通过对目标岗位的前任和现任任职者实施评价，得到岗位胜任力。

胜任力模型搭建小组需对目标岗位任职者的有关行为表现进行收集和比较。由于收集的员工行为表现是真实的，所以最终的结果有很高的效用。

如何展开评价中心法呢？负责人一般会设置一个真实的岗位工作场景，然后让评价对象参与解决工作中的各种公文（公文处理案例主要针对管理岗位）。下面来看一个案例。

实用范例 拟任 ×× 贸易公司人事部副总

×× 贸易公司人事部副总需要协助人事总经理处理公司内有关人力资源调配、薪酬设计和员工福利等业务。现由于某地分公司刚起步，需要人事总经理（李总）前往搭建人力资源管理系统，因此公司内部的各项人事规划都由副总决定，一直到三个月后总经理回到公司，再将这段时间的工作进行全面汇报。

从今天起，你得到这个机会担任公司人事部副总，全权代理总经理职务。现在是周一上午十点钟，在一周的晨会结束后，你已听取了下属的工作汇报，并做出了本周的工作安排。回到办公室，你的助理将近期需要你处理的文件整理好，放在了你的办公桌上。你需要大致浏览一遍文件内容，依据紧急情况排列先后顺序，给出处理意见。

你的最佳处理时间在两个小时内，在这两个小时里，助理会为你处理所有的杂事，无特殊情况，保证不会有人来打扰你，你需要做出规范的、合理的批示，结束上午的工作后，周一下午你还有研讨会议。另外，你需要以文件、备忘录、便条、批示等形式对所有公文的处理意见及办法做书面表达，最后交由助理负责传达。

在××公司，你被员工称为"王总"或"王副总"。好了，现在你可以开始工作了，祝你一切顺利。

【文件1】

王总：

据市场调查，上半年同行业的员工福利状况，我公司处于中上等水平，人均福利费尚可。但考虑到行业竞争加剧和人才流失率的增大，为了增强公司凝聚力和吸引力，我认为，可以适当提高员工的福利待遇，作为一项有力的激励措施。因此，附上员工增加福利的计划书，主要打算将现在的人均福利费1 000.00元／月提高到1 500.00元／月。不知您对这份计划书的意见如何？请指示。

××

20××年×月×日

【文件2】

王总：

本月××部门员工反映他们的工资分配不合理，并指责部门经理××在绩效考核时做出了不当评价，没有做到客观公正，有可能会出现部门工作停摆的情况，此事应如何处理？请您批示。

××

20××年×月×日

【文件3】

王总：

收到一份通知，在本月20日，××饭店将召开××地区大型公司人力资源管理研讨会。届时到会的均为各公司人力资源部总经理或副总经理，以及国内外的人力资源管理专家和学者。您是否参加？请回复，以便我及早作出安排，办理相关报名事务。随附邀请通知。

××
20××年×月×日

【文件4】

王总：

根据李总上周的指示，我完成了一个工资分配调整方案，基本思路是增加公司核心岗位上关键人才的工资收入，为公司长期发展提供助力，同时降低公司一般事务性岗位员工的工资收入，降低成本。随附具体方案。

此方案当否，请批示。

××
20××年×月×日

【文件5】

王总：

近期各部门相继反映，由于公司不断发展扩张，各部门的事务工作增加，因此需要聘用一些专职秘书缓解各部门的工作压力。因此，我们拟招聘一批素质较高的秘书人员，数额大约十名，对于此项建议不知您的意向如何？

另外，如果决定招聘这批秘书人员，您是否参加面试？

××
20××年×月×日

【文件6】

王总：

根据调查，公司中青年员工离职率高与公司现有住房制度有一定关系。目前，公司已停止为员工建设或购买住房，仅为员工提供住房补贴，让员工自行租房居住或由公司提供帮助向银行抵押贷款买房居住。但由于刚参加工作的员工无力购买住房，租房又不稳定。我们考虑，是否可由公司出资建设或购买一些小型公寓，以适当价格出租给暂时无房的员工，并规定在一定的期限后迁出公寓，给后来的员工暂住。这样可以降低核心员工流动率。此建议当否，请指示。如果可行，我们将向总裁办公室提出报告。

××
20××年×月×日

通过观察被访问者对以上公文的处理，负责人可以直接了解到该人才是否有担任人事副总的潜质，以及是否有基本的处理问题的能力。除了公文处理的评估模式，评价中心还可以模拟实际的事件处理，直观了解员工的行为做法。下面来看一个案例。

实用范例　角色扮演处理工作事件

假如你有机会担任某公司生产制造厂厂长，在碰到以下一些事情后，你要怎么处理。

【材料一】

A车间，甲组工人认为车间在高温期间分配电扇不合理，相比乙、丙、丁组更少。甲组工人向车间反映多次，车间不解决，现只好向生产副厂长反映，要求厂部解决他们的降温问题，如果再不解决此问题，他们将集体怠工。由于以前从未碰到过此类问题，因此副厂长向厂长询问该怎么办。

【材料二】

有一批产品经质量部检验合格后，被送到了成品仓库。可是，成品仓库的检验员认为这批产品外包装不合格，不同意入库，当然也不能出厂。请问厂长该怎么办？

【材料三】

上级主管部门追加生产任务：

要求该厂尽快扩大生产原有的××产品，而这项产品的生产需要较大的占地面积，即使不考虑其他因素，就生产场地而论，目前无法承担追加的任务。如要扩大××产品的生产，必须扩建厂房、仓库。该厂西面靠公路，南面、北面是其他厂，东面是一块农田。请问厂长应当采取什么行动？

在厂长处理以上三件事时，要思考这样两个问题：

1. 这三件事的处理顺序是怎样的？为什么？
2. 这三件事分别该怎么处理？

除了前面提到的评价方法，还有一些方法可以利用，见表3-7。

表3-7 其他的胜任力模型搭建方法

方　　法	具体介绍
德尔菲法	挑选对目标岗位有充分了解的专家，成立专家小组（一般不超过20人），提供岗位材料，收集专家对目标岗位胜任力的看法和意见，汇总专家首次意见，进行讨论，然后让各位专家修改原来的意见，重新汇总，再讨论、对比、分析，根据需要，经过三到四轮修改后，对专家意见汇总 专家可以是岗位资深人员，可以是岗位管理人员，可以是行业大拿，也可以是退休人员，若有条件，企业可从外部聘请专家，保证分析角度的多样性
标杆法	以同行业标杆企业的同岗位优秀人才为基准，建立胜任素质模型，可在各大招聘网站搜寻岗位优秀人才的简历，从中提取胜任特征

3.4 认识胜任力模型

胜任力模型可分为两种——等级模型和关键行为模型，企业可根据需要搭建适合的胜任力模型。下面首先来认识模型搭建的有关内容，以便管理者更好地搭建有实用价值的模型。

3.4.1 构建模型步骤

胜任力模型不是几个胜任特征的名词叠加，而是一个系统或体系，有完整的结构和内容。获取胜任特征并不是搭建的终点，要想顺利搭建模型，先要了解胜任力模型的搭建步骤。

①明确模型用途：模型搭建耗时耗力，可能需要花费好几个月的时间，因此，设计人在一开始就要了解清楚搭建用途和范围，比如企业搭建胜任力模型是用于招聘、培训，还是人才盘点或其他用途。

②选择模型范围：需要考虑模型的适用范围，为了让企业耗费的时间和成本得到应有的回报，设计人一般选择为关键岗位搭建素质模型，即把与企业战略发展息息相关的岗位作为目标岗位。

③胜任力编码：设计人通过样本组收集有关岗位数据，对员工行为、

状态、想法进行分析，发现不同员工的表现差异，识别出影响工作绩效的关键行为和应具备的技能，对胜任力素质进行编码，制作胜任力素质词典。

④搭建模型：对岗位胜任力进行等级划分，定义不同能力等级，建立基础胜任力模型，结合企业发展经营环境的实际情况，修改模型，使之与企业战略、岗位特征匹配，不断完善胜任素质模型。

⑤验证模型：对胜任力模型进行验证，评估模型有效性，主要通过对比绩优组和一般组的实际工作表现来观察模型是否准确。

⑥应用模型：确定模型的有效性后，便可将其运用到实际的工作中，包括招聘、员工培训、绩效评估、人才盘点等。

3.4.2 等级模型

等级模型即对各项胜任力的关键行为划分等级加以区分，主要内容包括胜任力及其基本定义、胜任力等级数量、不同级别的胜任力定义、不同等级的代表行为。表3-8为等级模型库示例。

表3-8 等级模型库示例

核心能力	定义	分级	
判断能力	对事物进行客观分析、辨别、断定的能力	一级	根据事实、信息、制度预估形势，进行直接判断。关键行为如下 ①多方搜集相关信息帮助得出合理的结论 ②判断时多角度考虑，注意选择的风险和影响 ③始终保持客观
		二级	认真研判形势，对每个方案做出评估，进行较为复杂的判断。关键行为如下 ①系统比较各方信息、资源 ②决策时注意各方面细节
		三级	客观考虑各种备选方案，对风险进行评估。关键行为如下 ①每种意见都认真对待、仔细考虑 ②衡量备选方案时，考虑各个方案的优势和不足、风险和影响 ③在多方利益发生冲突时，一直保持客观

续上表

核心能力	定义	分级	
判断能力	对事物进行客观分析、辨别、断定的能力	四级	判断某方案时，不能只顾眼前，而要考虑长期影响，结合整体信息对未来的发展走势以及可能面临的风险进行预估。关键行为如下 ①考虑短期及长期的影响与风险 ②参考大量的数据，选择最优长期方案 ③从战略视角进行判断
倾听与反应	善于倾听、理解对方的观点和意见，并能根据对方给出的信息做出适当反应的能力	一级	通过倾听得到有关信息。关键行为如下 ①通过眼神接触、动作、姿势、表情等非言语信号让对方能够了解到你在倾听 ②通过简单的言语回应，表示你正在倾听 ③准确地捕捉、记录有关事实
		二级	与他人积极交流，获取有关信息或想法。关键行为如下 ①善于归纳核心问题和关键点 ②提出疑问以检验假设 ③用开放的提问增加对方对形势的把握
		三级	在认真、积极倾听的基础上，对别人的想法与观点做出适当反应。关键行为如下 ①促进开放的讨论，建立讨论平台 ②对对方的情绪、感受表示同情 ③理解别人的观点和感受 ④积极获取反馈，接受反馈意见
		四级	准确估计对方潜藏着的态度、行为，做出反应，巧妙推动形势向前发展。关键行为如下 ①交流过程中，识别并调整个人风格，以适应不同个性和不同的顾虑 ②鼓励员工暴露其潜藏的顾虑，并以此改善工作关系 ③总结或阐明讨论内容时，向别人点明对方潜在的心态
项目管理能力	为实现组织目标而确立清晰详细的行动过程和组织工作的能力	一级	按日期计划并控制个人的日常工作，算准时间，高效利用资源和精力。关键行为如下 ①高效完成日常工作，如列一份必做事务清单，为会议做好充分准备等 ②排好每天、每周必须完成的关键工作顺序 ③计划工作日程以最大限度地利用资源（时间、人力、设备）

续上表

核心能力	定义	分级	
项目管理能力	为实现组织目标而确立清晰详细的行动过程和组织工作的能力	二级	为自己和别人开发并执行可预测未来短期的、逐周的计划。关键行为如下 ①确保计划有清晰的目标与里程碑 ②利用程序、系统有效管理项目 ③设计合理的行为顺序
		三级	开发与执行计划,逐月预测未来的中期目标,确保每组计划得以完成。关键行为如下 ①将商业战略转化为可操作的目标 ②在计划阶段确定并考虑到彼此任务间的相互依赖 ③引导有效的计划回顾 ④确保每个组织成员实现目标计划,完成工作
		四级	开发并执行包括影响组织其他部门的行动计划,为可能影响组织战略的突发事件准备对策。关键行为如下 ①创立跨越部门组织界限的项目战略计划 ②创立或执行对业务有重大影响的计划 ③确保后备计划,将意外问题带来的影响最小化
积极主动性	驱使个人很好地工作,努力实现优秀工作绩效的动力	一级	努力工作以满足优良绩效标准。关键行为如下 ①弄清客户、经理、同事期望的标准 ②定期检查个人进展,做出必要改变以确保达到期望标准 ③在期限之内实现公认的目标
		二级	设立优秀绩效标准,努力实现这些意义重大又决非不可能实现的目标。关键行为如下 ①获得优于已定期望的结果 ②承担比以前更复杂、更困难的目标 ③定期识别出优于最初计划、标准的机会 ④提前获得高质量成果
		三级	为自己或别人设定出清晰、长期的目标和推动业务发展的目标。关键行为如下 ①识别部门或组织的未来机遇,将其转化为新的目标和行动 ②识别高利润产品、方案、服务,使其与新的或现有客户的需要结合起来,将可能性最大化 ③调整个人与部门的目标以适应其他组织,实现一个更为强大、更广泛的战略

续上表

核心能力	定义	分级	
积极主动性	驱使个人很好地工作，努力实现优秀工作绩效的动力	四级	面对不确定性，设法控制风险的同时，利用重要的组织与个人资源实现显著困难的目标。关键行为如下 ①利用组织资源实现困难的目标，获得重要的新业务主动权 ②承担并管理对业务有积极或消极影响的风险 ③为遭到强烈反对或较少支持的新业务提供有意义的个人或组织资源支持
……	……	……	

3.4.3 关键行为模型

关键行为模型只展示胜任力的关键要点和行为，并不划分等级，而是将重点放在凸显关键行为素质上，能快速锁定和评估员工是否具备关键能力与素质，表3-9为关键行为模型示例。

表3-9 关键行为模型示例

关键能力	行为说明
团队适应力	①经常主动参与团队内部的交流 ②欣赏和信任团队内部成员，对于团队成员的变化持开放心态
互助互享	①积极回应团队成员的问题和要求，尽力提供帮助 ②主动分享资源、资料和经验 ③帮助团队成员解决问题
团队责任感	①明确团队责任，并积极承担 ②以团队目标为先，以此设计个人业务目标
团队荣誉感	与团队成员共享团队成果，共担失误

对比关键行为模型和等级模型，不难发现等级模型更加细致、全面，通过等级模型表，管理者能依据员工的日常行为定位其具备的素质能力以及等级，进而对不同的员工打分，这样能够简便对人才的管理。

但在实际使用中，等级模型未必是最实用的，只因员工的行为是不可控的，也并不会被全部收录在等级模型表中，这样增加了判断的难度。利用等级模型评估员工，主要有三大难点。

①员工关键行为需要提取，管理者需要花费大量精力观察员工。

②员工的关键行为在等级模型表中不一定有。

③通过等级模型表给员工打分时，可能会发生不同的关键行为在同一胜任力的不同等级中出现的情况，那么按哪个等级给分也是一件需要考虑的事。

这样复杂的评估过程也许会将简单的工作复杂化，可见更全面的等级模型也有不可忽视的弊端，因此在实际业务中，关键行为模型的利用频率更高。管理者先利用关键行为模型判断员工是否具备胜任力的关键要点，然后据此收集其对应的关键行为。

通过胜任力等级模型和关键行为模型，企业管理者可制作员工通用素质能力手册，明确公司要求的不同岗位、专业的员工具备的共性素质和能力。如下例所示为某公司员工通用素质能力手册。

实用范例 某公司员工通用素质能力手册

简要说明

从员工能力和潜力发展的角度，主要从四个方面对员工进行引导、要求和评价。

1. 通用素质能力：指超越于岗位、专业、职责之外的，公司要求的不同岗位、专业的员工具备的共性素质和能力。

2. 职能素质能力：每个职能或职能模块有一至三项有别于其他职能的通用素质能力，适用于这个职能或职能模块的所有人。

3. 专业能力：每个员工都要有从事其岗位工作所需要的专业能力。

4. 公司文化：公司宗旨、价值观、经营管理原则的描述以及其他相关的关键制度，如商业行为准则、各项行为规范等。

本手册主要阐述适用于公司员工的通用素质能力，通用素质能力的不同层次是逐级向上包容的。基层、中层、高层没有界限分明的划分，相互之间有交叉。一般来说1~3级为基层，4~5级为中层，6级及以上为高层。

第一部分　全员通用素质能力

使用说明：

1. 关键的正面行为的描述力求全面和详尽。在应用时（招聘、培训、360度评估），为方便操作和更具针对性，可结合实际需求进行取舍。

2. 给出负面行为的主要目的是帮助员工理解每个素质的定义，同时告知不可触犯的行为界限。在运用中应以引导正面行为为主而不应过分夸大负面行为的制约，避免对号入座。

3. 这是一个开放式的系统。所列的关键正面行为描述及负面行为并未囊括该素质所涉及的所有行为。随着公司的发展，行为描述可以适当增加、减少或重点调整。

4. 为了维护素质定义的权威性，确保员工对素质理解的连续性，保持不同素质之间的内在联系，对素质定义及关键的正面行为描述的调整频率不会过高，调整范围也不会过大。

5. 作为正式文件的一部分，素质定义及关键的正面行为描述没有过分通俗化，以维护素质定义及关键的正面行为描述的准确性、权威性、包容性和周延性。

6. 此说明同样适用于"第二部分"。

附：关键行为素质表（略）。

第二部分　管理及中高级专业技术人员素质能力
（对中层的要求）

对于中层人员，公司提供"管理及中高级专业技术人员通用素质能力"以作为引导和标准。

附：关键行为素质表（略）。

第三部分　对高层领导的素描

对高层人员，公司明确的标准是"有企业家精神的职业经理人"。一般来说，职业等级为6级以上的员工适用此要求。此素描的目的不是穷尽对高层管理人员的所有要求，而是尝试勾勒出高层的最关键、最重要和最独特的气质。

1. 点燃自己（略）

2. 设立方向（略）

3. 点燃他人（略）

4. 夺取胜利（略）

第四部分　员工能力及潜力评价标准指引

附：员工能力及潜力评估表（表3-10）。

表3-10　员工能力及潜力评估表（节选）

评估标准	优异	优	良	中	差
1. 尽职敬业及自适应力					
2. 思考及解决问题能力					
3. 协作及领导能力					
4. 学习创新能力					
5. 沟通影响能力					
……					

第五部分　通用素质能力评估

本评估适用于中基层人员，主要考察五个维度。素质能力评估表选取了"全员通用素质能力"和"管理及中高级专业技术人员通用素质能力"中各项素质中的部分关键正向行为。员工尤其是中基层员工可以对照此表进行自评，也可以请上级经理及同事进行360度测评。其中：

1. "尽职敬业"与"自适应力"同属于管理自己范畴，合并称为"尽职敬业及自适应力"。

2. "结果导向及创造性执行"与"系统思考及解决问题能力"同属于管理任务范畴，合并称为"思考及解决问题能力"。

3. "学习能力"与"改进创新能力"合并称为"学习创新能力"，主要属于管理任务范畴，同时也有管理自己的成分。

4. "有效沟通"与"影响能力"合并称为"沟通影响能力"，属于管理他人范畴。

附：通用素质能力评估表（注：此表主要适用于4、5级员工）（略）。

> **知识扩展** 常见的人才盘点模式
>
> 依据不同的操作方式，人才盘点模式可分为两种——封闭式盘点和开放式盘点。
>
> ①封闭式盘点：企业内部少数人参与的，由HR与被盘点对象的上级共同完成的盘点工作。这种模式涉及人数少、规模小、操作简单，盘点工作的所知者也很少，便于对盘点内容进行保密，主要用于内部晋升选拔。
>
> ②开放式盘点：一般适用于规模较大的企业，这种模式由人事部和专门的管理人员合作完成对各级人员的盘点工作，涉及范围广、人数多、耗时久，得到的盘点结果更全面、准确，会在一定范围内共享，用于企业内各种人才管理工作。

第4章

测评工具，对人才深入了解

人才测评是人才盘点必经的一步，在这个过程中，管理者需要使用不同的测评工具，对测评对象的能力、绩效、潜力、价值观、性格、兴趣等进行多维度了解。每个测评工具都有其针对性，管理者最好结合不同的测评工具和测评方式，得到综合性的测评报告。

4.1 人才盘点测评技术

人才测评指通过科学的手段或利用相关测评技术对人才的基本素质及工作绩效进行测量和评定,并将结果应用于企业管理上,为企业招人、选人、培训等人力资源管理和开发工作提供有价值的参考信息。人才测评是人才盘点的关键环节,能帮助企业管理者全面了解人才的能力、水平、性格特征,并根据职位需求及企业组织特性掌握其素质状况和发展潜力。

4.1.1 人才测评的基本流程

为了更好地进行人才测评,管理者应该把握人才测评的基本流程,具体要经历哪些步骤呢?

(1)确定测评目的

要展开测评,首先要确定测评的基本目的,是为了人员招聘,还是为了人才培养与开发,亦或是为了绩效考核。不同的目的决定了不同的测评方式以及不同的题目设计,如图 4-1 所示。

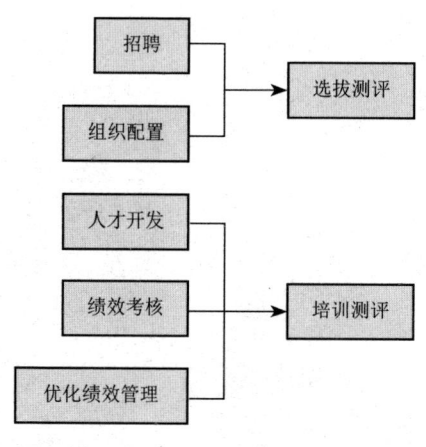

图 4-1 认识不同的测评目的

（2）设计测评指标

管理者根据不同的测评目的，设计对应的测评指标，用于衡量与工作有关的各项素质，最终形成测评指标体系，如图4-2所示。

```
测评维度 + 测评内容        测评标志 + 测评标度
        ↓                        ↓
      测评要素                  测评标准
        ↓                        ↓
      测评指标                  指标权重
              ↓        ↓
              测评指标体系
```

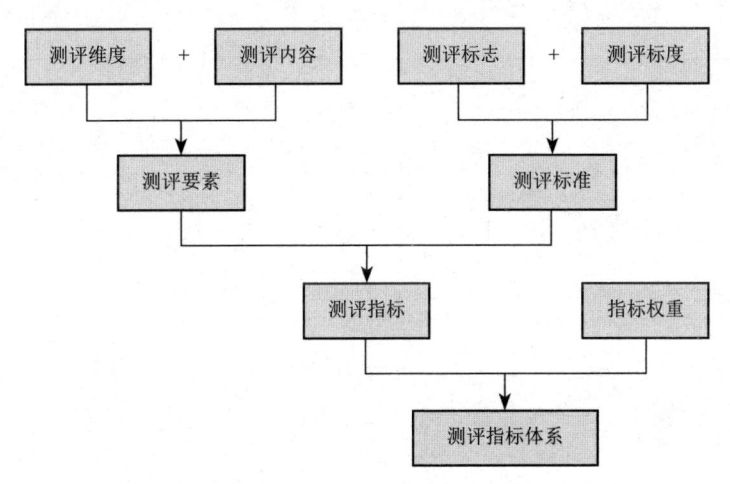

图 4-2　测评指标体系的结构

管理者可通过表4-1对测评指标体系的结构做具体认识，有助于设计测评指标，搭建测评体系。

表 4-1　测评指标体系的组成及定义

体系结构	定 义	示 例
测评维度	即各种能体现员工素质的名词，一个测评指标体系通常由多个维度组成	可包括管理能力、创新能力、市场意识等
测评内容	即对测评维度的进一步细化或具体规定	如可将其中一个测评维度"管理能力"细分为领导能力、决策能力、组织能力、表达能力等
测评要素	对测评内容的具体说明，即包括哪些测评维度，每个维度的内容又是什么	—
测评标志	即不同测评要素的标志性描述或关键性特征	在设计测评标志时有三种表达形式，分别如下所示 ①短句说明式，直接对特征进行描述 ②指明方向式，对如何测评该要素进行描述 ③提问式，通过问句进行测评打分

续上表

体系结构	定义	示例
测评标度	即对测评要素或测评标志划分层次和等级,方便打分以及归类	常见的测评标度有"3分、5分、8分""熟练、普通、较差"等
测评标准	即对测评要素的关键特征进行说明,并细分为不同层级,方便评价	—
指标权重	即测评指标在整个测评体系中的重要性或占比,通过权重可有效突出测评重点,并影响测评最终结果	权重有两种形式,一种是赋分,一种是百分比

管理者可通过具体的示例直观了解测评指标体系的内容与结构,见表4-2。

表4-2 ××企业素质测评模型

序号	测评要素		测评标准		权重(%)
	测评维度	测评内容	测评标志	测评标度	
1	管理能力	战略管理	风险意识差,不具备敏感的洞察力	0~2分	10
			全面分析问题,作出决策	3~5分	
			能洞察企业内外部条件的变化,理性思考,采取有针对性的措施	6~8分	
			具有很强的风险意识和洞察力,从全局出发考虑问题,决策具有前瞻性,解决方案可行	9~10分	
		团队管理	不能做好沟通协调工作,团队凝聚力较差	0~2分	10
			掌握团队成员的不同心态,开展团队活动	3~5分	
			确定团队目标,制定规章制度和工作流程,统一管理	6~8分	
			了解团队成员的差异,布置合适的任务,制定规章制度,营造良好积极的团队氛围,强化团队的沟通与协作	9~10分	
...					

（3）选择测评方法并设计测评题目

人才测评用什么测呢？管理者需要选择合适的人才测评方法并设计有关题目。可自行开发测评题目，也可在网上寻找现成的题目，亦或是请人开发，企业规模不同，选择也不同。

（4）实施测评与结果反馈

测评的"硬件"，即各种测评资料准备好以后，管理者便可安排测评实施了。首先组建测评小组，划定测评对象，选择线上或线下测评。之后，对测评结果和成绩进行分析，对测评结果进行反馈，并撰写此次测评报告。

反馈是实现人才测评的重要手段，为了改进受测者的工作能力和工作态度，管理者必须把人员测评的结果向受测者反馈。管理者需注意，结果反馈不是简单地告知其最终得分，也不是针对人才的劣势进行批评，而是就结果与人才进行真正的交流。反馈面谈可以分为以下六步。

①告知员工最终的测评结果，简单说明其处在哪个水平，不要过分关注结果。

②倾听员工对此次测评结果的想法，了解员工是否认可测评结果。

③对员工的优势表示认可，鼓励员工将优势运用到工作中去，让员工更清楚自己的竞争力所在。

④对于员工暴露的一些缺点提出可改进的方式，让员工注意到且有想改变的意愿。注意在指出员工缺点时，管理者要找到主要缺点，不用逐一列举。

⑤根据企业发展，帮助员工制定未来规划，设定合理的目标，期待员工努力达成。

⑥最后，鼓励员工积极工作，肯定员工的价值，结束反馈。

管理者在推进反馈面谈时，要注意一些基本的谈话技巧，让整个对话更加顺畅地完成。

①分清主次：面谈的要点是总结、分析，并为未来做出规划，而不是审判员工。如果谈话的方向错误，只会让员工竖起一道屏障，管理者难以得到其最真实的想法。

②注重隐私：围绕当前员工的情况开展谈话，不要牵涉其他部门、其他人员的测评结果，也不要谈论一些隐私话题，如薪资等，容易激起员工的抵触情绪。

③疏导员工情绪：谈话过程中，员工若有反对或负面情绪，管理者要做的不是打断，而是疏导，允许员工真实表露自己的情绪，同时探索员工产生情绪的原因。

④懂得附和：谈话过程中先附和员工的观点，再提出自己的观点，能有效提高员工的接受度。

提前写好应对策略。总结反馈过程中容易出现的问题，提前写好应对策略，便可游刃有余地继续谈话。管理者可将问题用清单罗列出来，具体见表4-3。

表4-3 反馈的常见问题清单

反馈问题	解决方式
员工不认可测评成绩/员工质疑测评结果	
员工对测评结果并不感兴趣	
员工没有交流意愿	
员工对企业管理、上级领导有意见	
……	

4.1.2 人才测评的基本内容

人才测评不能单一考察人的工作能力，人的复杂性决定了人的基本素质由许多内容构成，包括知识储备、性格、兴趣、能力点、价值观和情商等。

管理者要先确定人才测评的基本内容，在设计测评题目时才能做好规划，选择最关键的内容，具体有下面六点。

（1）职业兴趣

在招聘或人才选拔时，企业常常通过职业兴趣来判断员工是否适合该岗位。职业兴趣即某职业中的优秀人才普遍拥有的兴趣，通过将个人兴趣与职业兴趣对比，能够考察该人员的岗位适合度。

（2）智力

智力测验是有关人的普通心智功能的各种测验的总称，又称普通能力测验，目的是综合评定人的智力水平。国际上常用的个人智力测验主要有两种：斯坦福 - 比奈智力量表和韦克斯勒智力量表。现在常用测验包括：比奈 - 西蒙智力量表、韦克斯勒智力量表、斯坦福 - 比奈智力量表、瑞文标准智力测验等。

在企业的人事管理中进行智力测验，主要目的是了解不同员工的智力水平和智力结构，比如有人擅长阅读理解，有人擅长表达，有人擅长数据处理，有人擅长归纳总结。通过智力测验，企业能发现员工的擅长点，且对于那些智力突出的员工重点标记、重点培养。

（3）人格

人格是指一个人比较稳定的心理活动特点的总和，是一个人能否施展才能，有效完成工作的基础。如果员工存在明显的人格缺陷，其所拥有的才能和能力会大打折扣。

人格测验也称个性测验，主要测量个体行为独特性和倾向性等特征。在企业中，人格测验能帮助管理者了解员工独特的思维方式和行事风格。

（4）职业适应性

职业适应性是指一个人从事某项工作时，必须具备一定的生理、心理素质，包括很多内容，如工作效率、无事故倾向、最低能力、特性要求、熟悉工作速度、意愿适应、个人背景。

职业适应性测评就是通过一系列科学的测评手段，对员工的素质水平进行评价，了解员工的职业目标和个体需求，使其与职业匹配合理，这样可有效提高工作效率。职业适应性可分为一般职业适应性和特殊职业适应性两大类。

一般职业适应性指从事一般职业所需的基本生理、心理素质特征；而特殊职业适应性指从事某一特定职业所需具备的特殊生理、心理素质特征。

（5）职业能力

职业能力是从事某职业的多种能力的综合，主要包含三方面基本要素：一是胜任某职业必须具备的能力，可用任职资格体现；二是正式工作后的职业素养；三是后续的职业生涯规划管理能力。职业能力测评就是一种倾向于预测人才的职业定位的测试。

（6）情景模拟

在人才测评中，经常用情景模拟进行测评，测评人根据对象可能担任的职务编制一套与该职务实际情况相似的测试项目，将被测试者安排在模拟的工作情境中，处理可能出现的各种问题，来测评其心理素质、潜在能力。模拟的情景内容以真实、具体为佳。

4.1.3 行为面试测评

行为面试测评，即通过让测评对象描述其过去某段工作或者生活经历的具体情况来了解其各方面素质特征的方法。行为面试测评的基本假设是通过一个人过去的行为可以预测这个人将来的行为。

行为面试测评一般通过一系列问题收集测评对象的行为和心理信息，如"该任务耗费你多长时间？""你是怎样解决的？""你当时是怎么想的？"具体步骤见表4-4。

表4-4 行为面试测评的基本步骤

步　　骤	具体内容
简单说明相关信息	大概花一两分钟的时间说明测评有关注意事项，营造轻松的氛围，希望对方能够自如回答问题
就岗位工作提出问题	测评对象是主要叙述者，管理人员需要注意不能喧宾夺主，提问是为了引出对方的有关信息，全面了解岗位工作内容，类似问题如下所示 ①你目前在公司的职位是什么 ②你汇报工作的对象是谁 ③你有下属吗 ④现在你主要的工作任务和职责是什么
行为事件访问	对具体的行为事件提问，内容包括事件背景、涉及的关键人物、测评对象的行为和想法，以及事件结果。管理人员需要在此阶段有目的地提问，获得关键事件的整体信息

常见的行为面试测评题目有表4-5中的几类，管理者可借鉴参考。

表4-5 常见的行为面试测评题目

分　　类	题　　目
测评领导能力	你工作的基本逻辑是？请用具体工作进行说明 你是某项目负责人，但提出的方案不受认可，你会怎么处理 工作行程突然有变化，你要如何发布工作以保证任务顺利完成 面对员工质疑，你如何获取其信任 若是团队中有人争吵或无法共事，你会怎么处理 ……
测评团队协作能力	在团队中总是有人绩效不达标，拉低团队成绩，你会怎么做 如果团队中总有人缺勤，你会怎么办 团队分工不协调，你会提出自己的建议吗 你知道如何提升团队水平吗 团队领导不合格，你会提出更换吗 ……

续上表

分　类	题　目
测评工作规划性	有给自己定下工作目标吗？是否实现工作目标，又是怎么实现的 你有超额完成工作目标的情况吗？详细说明具体情况 你曾经有过被升职的经历吗？进入公司后，有升职吗 经过努力却没有完成工作目标，你会怎么办呢 你会如何设置目标？谈谈你的心路历程 下班后工作还没有完成，你会怎么办 ……
测评抗压能力和适应能力	工作中发生什么情况你会压力倍增 请描述最近让你很有压力的工作，以及你的工作安排。与平时有不一样的地方吗 工作任务的截止日期临近，你会如何做 工作任务紧张，你是否会求助于同事或领导 需要与新同事合作时，你会紧张吗 更换主管，你的工作状态有改变吗 ……
测评为人处世	你有没有遇到同事违反公司制度的情况？如果有，你是怎样处理的 你有没有遇到上级违反公司制度的情况？如果有，你是怎样处理的 你有没有遇到在工作中违规操作的同事？如果有，你是怎样处理的 你有没有遇到同事受贿？如果有，你是怎样处理的 你有没有遇到上级刻意打压员工或偏向某位员工？如果有，你会做些什么 工作失误后，你会不会找机会推卸责任 ……

4.1.4　心理测验测评

　　心理测验是根据一定的法则和心理学原理，对人的认知、行为、情感的心理活动予以量化。在人才盘点或选拔时进行心理测验，能帮助管理者了解员工的情绪、行为模式和人格特点。

　　近年来，心理测评一直很受欢迎，常见用途有以下几项：

　　①大型招聘时，人选众多，时间有限，HR 的工作量很大，心理测评

可有效提高筛选效率。

②在企业内部的晋升选拔中，心理测评能帮助 HR 更快了解候选人的潜力、行事准则、价值观等重要信息，辅助领导作出决策。

③人才盘点时，辅助管理者更准确地定位人才。

④在培训过程中，通过心理测评检验人才的进步和培训效果，并通过心理测评结果对培训重点做出改进。

进行心理测评需要经过图 4-3 中的程序。

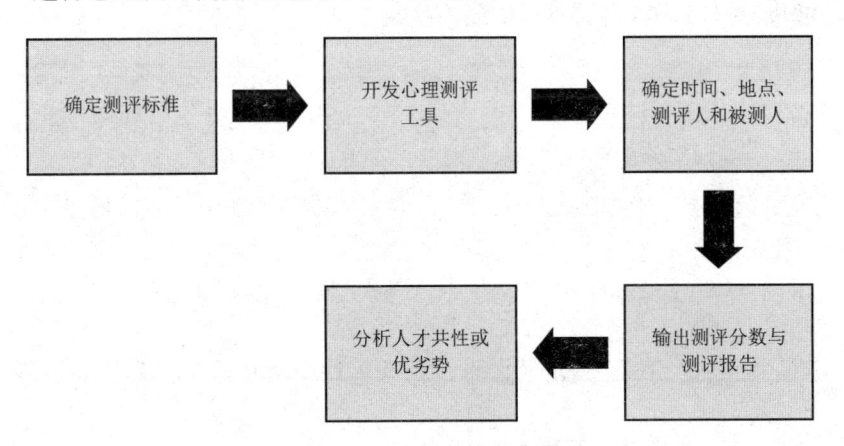

确定测评标准 → 开发心理测评工具 → 确定时间、地点、测评人和被测人 → 输出测评分数与测评报告 → 分析人才共性或优劣势

图 4-3 心理测评基本步骤

通过以上步骤实施心理测评时，管理者还需注意心理测评的优缺点，具体见表 4-6。

表 4-6 心理测评的优缺点

优　点	缺　点
客观：心理测评题目是专业的、一视同仁的，不会出现管理者主观分类或给出结果的情况	成本高：心理测评要求专业和科学，因此需要一定的开发工具，或者购买专业公司的心理测评项目，保证测评信效度，所以成本偏高
有对比性：可以在不同员工之间对比，也可以让同一员工的不同时段相比	
多层次测评：心理测评可针对员工的不同素质进行测评，如能力、潜力、价值观等	

续上表

优　点	缺　点
高效：现在很多心理测评都是线上测评，线上采集数据、分类记录、生成测评报告，并及时发布给企业内部相关人员	偏辅助性：心理测评结果更多的是作为一种辅助，不能完全依赖其进行人才选拔
长期跟踪：心理测评报告可收进员工档案，用于定期跟踪员工心理状况，可有效帮助员工成长	

知识扩展　什么是心理测评的信度和效度

　　信度主要是指测量结果的可靠性或一致性。如果一个心理测验的可靠程度高，那么同一个人多次接受这个测验，就应得到相同或大致相同的成绩。信度只受随机误差的影响，随机误差越大，信度越低。

　　效度是指一个测验能否有效地测量出所需要的心理品质，即测量工具能测出其所要测量特质的程度。鉴别效度需明确测量的目的与范围，检查测量的内容是否与测量目的相符，进而判断测量结果是否反映了所要测量的特质。

　　下面通过一份简单的心理测评题目来大致了解心理测评的内容。

实用范例　人才心理测评试题

【心理素质测评】

请你做以下八道试题，每题只能选择一个答案。

1. 你骑车闯红灯，被警察叫住；你意识到自己违反了交通规则，但此时你急于赶路，这时你：

□急得满头大汗，不知怎么办才好

□十分友好地、平静地向警察道歉

□听之任之，不作任何解释

2. 在朋友的婚礼上，你未料到会被邀请发言，在毫无准备的情况下，你：

□双手发抖，结结巴巴说不出话来

□感到很荣幸，简短地讲几句

□很平淡地谢绝了

3. 你在餐馆刚用过餐，服务员来结账，你忽然发现身上带的钱不够，此刻，你会：

☐ 感到很窘迫，脸发红

☐ 自嘲一下，马上对服务员实话实说

☐ 在身上东摸西摸，拖延时间

4. 假如你乘坐公共汽车时忘了买票，被人查到，你的反应是：

☐ 尴尬，出冷汗

☐ 冷静，不慌不忙，接受处理

☐ 强作微笑

5. 你独自一人被关在电梯内出不来，你会：

☐ 脸色发白，恐慌不安

☐ 想方设法让自己出去

☐ 耐心地等待救援

6. 有人像老朋友似的向你打招呼，但你一点也记不起对方是谁，此时你会：

☐ 装作没听见似的不搭理

☐ 直率地承认自己记不起来了

☐ 朝对方瞪瞪眼，一言不发

7. 你从超市里走出来，忽然意识到你拿着忘记付款的商品，此时一个很像保安人员的人朝你走过来，你会：

☐ 心怦怦跳，惊慌失措

☐ 诚实、友好地主动向他解释

☐ 迅速回转身去补付款

8. 假设你从国外回来，行李中携带了超过规定的烟酒数量，海关官员要求你打开提箱检查，这时你会：

☐ 感到害怕，两手发抖

☐ 泰然自若，听凭检查

☐ 与海关官员争辩，拒绝检查

【性格测评】

场景：你在森林的深处，你向前走，看见前面有一座很旧的小屋。

(1) 这个小屋的门现在是什么状态？

☐开着　　☐关着

(2) 你走进屋子里看见一张桌子，这个桌子是什么形状的？

☐圆形　　☐椭圆形　　☐正方形　　☐长方形　　☐三角形

(3) 在桌子上有个花瓶，瓶子里有水，有多少水在花瓶里？

☐满的　　☐一半　　☐空的

(4) 这个瓶子是由什么材料制造的？

☐玻璃　　☐陶瓷　　☐泥土　　☐金属　　☐塑料

☐木头

(5) 你走出屋子，继续向森林深处前进，你看见远处有瀑布飞流直下，请问水流的速度是多少？（你可以从 0～10 任意选一个）_____

(6) 过了一会儿，你走过瀑布，你站在坚硬的地面上，你看见地上有金光闪烁，你弯腰拾起来，是一个带着钥匙的钥匙链。有多少把钥匙拴在上面？你可以任意选一个数字（从 1～10）_____

(7) 你继续向前走，试着找出一条路来，你突然发现眼前有一座城堡。这个城堡是什么样的？

☐旧的　　☐新的

(8) 你走进城堡，看见一个游泳池，黑色的水面上漂浮着很多闪闪发光的宝石，你会捡起这些宝石吗？

☐是　　☐不

(9) 在这个黑暗的游泳池旁边还有一座游泳池？清澈的水面上漂浮着很多枚钱币？你会捡起这些钱币吗？

☐是　　☐不

(10) 你走到城堡的尽头有一个出口，你继续向前走，走出了城堡。在城堡外面，你看见一座大花园，你看见地面上有一个箱子。这个箱子是多大尺寸的？

☐小　　　☐中　　　☐大

（11）这个箱子是什么材料做的？

☐硬纸板　　☐纸　　　☐木头　　　☐金属

（12）花园里离箱子的不远处还有一座桥。这座桥是什么材料建造的？

☐金属　　　☐木头　　　☐藤条

（13）走过这座桥，有一匹马。马是什么颜色的？

☐白色　　　☐灰色　　　☐褐色　　　☐黑色

（14）马正在做什么？

☐安静地站着　　　☐吃草　　　☐在附近奔跑

（15）哦，不！离马很近的地方突然刮起了一阵龙卷风。你有三种选择：

☐跑过去藏在箱子里　　　☐跑过去藏在桥底下

☐跑过去骑马离开

4.1.5 问卷调查测评

问卷调查是人才测评的基本方式，多数测评都可以通过问卷调查的方式进行。常见的人才问卷测评内容分为常识测评、言语理解与表达、数量关系、判断推理等几个部分，可全面测评人才的各种能力。下面通过一份问卷示例来认识问卷测评的主要内容。

实用范例　问卷调查人才测评

【常识测评】

1. 下列生活中的常见现象既发生了物理变化又发生了化学变化的是（　　）。

　　A.碱的潮解　　B.冰的融化　　C.食物发霉　　D.蜡烛燃烧

2. 下列有关生活常识的叙述，不正确的是（　　）。

　　A.不慎扭伤关节，不应立即揉搓按摩

B. 洪水来袭，如来不及逃生可向高处转移等候营救

C. 火灾逃生时，应用湿毛巾或口罩蒙鼻，匍匐着撤离

D. 电热毯折叠加热，升温快，且便于热量保存

3. 对于存贷款利率上调，下列表述不正确的是（　　）。

  A. 刺激消费需求　　　　　　B. 缓解通胀压力

  C. 遏制投资过热　　　　　　D. 中小企业融资困难

4. 湿地被称为（　　）。

  A. 地球之肺　B. 地球之肾　C. 地球之心　D. 地球之源

....

【言语理解与表达】

9. 依次填入下列各句画横线部分最恰当的一项是（　　）。

（1）逐步推广使用清洁的可再生能源，减少使用污染环境的能源，是_____环境恶化的正确选择。

（2）"天生我材必有用"，这不是诗人_____，而是在怀才不遇的情况下，仍希望终有一日能大展宏图。

  A. 遏止　妄自尊大　　　　　B. 遏止　夜郎自大

  C. 遏制　夜郎自大　　　　　D. 遏制　妄自尊大

【数量关系】

10. 把1～200这200个自然数中，既不是3的倍数又不是5的倍数的数，从小到大排成一排，那么第100个数是（　　）。

  A.123　　　　B.187　　　　C.193　　　　D.40

....

【判断推理】

12. （　　）对于花蕊相当于叶脉对于（　　）。

  A. 花朵　叶片　　　　　　　B. 花瓣　叶肉

  C. 花蜜　水分　　　　　　　D. 蜂蜜　二氧化碳

参考答案及解析：（略）

从示例中可以了解到，一套测评包含题目、选项、参考答案以及答案解析，这样测评之后，管理人员能迅速打分，统计成绩，并了解员工哪些方面的能力不足。

4.1.6 360度测评全方位评估

360度测评即指360度绩效评估，是绩效考核方法之一，可用于人才盘点，对人才进行测评。测评人一般从与被考核者发生工作关系的多方主体那里获得被考核者的信息，以此对被考核者进行全方位、多维度的测评。360度测评适用于测评中层以上的人员，主要从六个维度进行。

①来自上级的自上而下的反馈。

②来自下属的自下而上的反馈。

③来自平级同事的反馈。

④来自企业内部的支持部门和供应部门的反馈（支持者）。

⑤来自企业内部和外部的客户反馈（服务对象）。

⑥来自本人的反馈。

开展360度测评，企业管理者应该做好准备工作，并按流程实施，下面来看具体内容。

（1）准备工作

由于测评工作牵涉人员众多，因此所有参与者，无论是测评人还是被测评人，都要理解360度评估的意义和作用，这是测评开始的前提，准备工作的要点见表4-7。

表 4-7 测评准备工作要点

工作要点	具体内容
组建测评团队	无论选择的测评工具是什么，企业都要组建专门的测评团队，负责测评工作中的一切事项，确定总负责人，负责整体进程的把控，安排工作，跟进进度
设计评估内容	设计评估内容，划分评估指标，继而拓展题目，最终建立评估模型，或设计360度测评问卷。常见的评估指标有沟通能力、业务能力、领导能力等
确定评估对象	选择此次测评的受评对象，一名受评人员需要四名以上的评估者，这样得到的信息才多面、准确，且具有参考性
人员技术培训	测评不仅考验被测者的能力，对评估人员的测评技术也有一定的要求，必要时企业还需对评估人员进行培训，保证评估结果能够更加客观，同时要重视评估结果的保密性

（2）实施测评

评估一般都是以匿名的方式进行，评估方式有问卷、表格、线上、线下等各种形式，在此阶段，管理者要做好以下一些要点工作，如图4-4所示。

实施评价 ▶ 监督进度 ▶ 生成评估结果

按照事先确定的评估对象名单，填写评估问卷，有关评估人员依次打分

随时查看测评的完成情况，督促相关人员在固定期间内做好测评

收集整理测评表格或问卷，计算权重，统计最终得分，生成评估报告

图 4-4 测评实施的要点

下面通过360度测评问卷表来了解测评内容和测评方式，见表4-8。

表 4-8 360度测评问卷表

序号	姓名	部门	测评人所在部门	上级评议（由部门负责人填写）							
				360度评估（分）							意见
				自我管理（1.5）	团队管理（2）	执行力（2）	人际交往（2）	创新（1.5）	职业态度（1）	合计（10）	
1											
2											

续上表

序号	姓名	部门	测评人所在部门	上级评议（由部门负责人填写）							
				360度评估（分）							意见
				自我管理（1.5）	团队管理（2）	执行力（2）	人际交往（2）	创新（1.5）	职业态度（1）	合计（10）	
3											
4											
5											

自我管理：自我控制（包括心态、情绪、行为）能力强，有明确的职业发展目标及处事原则，充满自信，能积极主动地追求并实现既定目标

团队管理：能否创造利于形成团体协作机会的氛围和环境，塑造目标一致、高凝聚力的团队，并通过人员培养、在职辅导、员工关系管理、员工激励等发挥每个组织成员最大的效能

执行力：是否能迅速理解企业的核心理念和战略目标，把本部门的工作和企业发展联系起来，有效计划、组织、安排、完成企业布置的各项任务，能预见并有效解决期间出现的各类问题，确保本部门的工作有序、正常运行

人际交往：易与他人建立良好合作关系，获得他人信赖与尊敬，有较强的亲和力，能与组织内部各阶层的人友好相处

创新：是否善于主动、自发学习，扬长避短，经常针对本职或其他业务领域尝试创新或提出创意性的解决方案

职业态度：在价值观和行为表现上是否符合企业对服务意识、敬业精神、道德情操、品质意识、团队精神、创新意识方面的要求

平级评议										
序号	姓名	岗位	部门	专业能力（3分）	协作能力（2分）	控制能力（3分）	创新（1分）	态度（1分）	合计（10分）	意见
1										
2										
3										
4										
5										
6										

续上表

	专业能力：是否具备完成物业管理业务及相应管理职能领域工作所需要的主要知识和技能，并能敏锐地发现业务流程或操作上的缺陷，提出有效的解决方案
	协作能力：是否能与本部门其他业务组或企业其他部门的同事协同合作，实现组织共同的目标，同时，针对其他人员／部门提出的协助请求能积极、按时、保质地完成
	控制能力：是否具备全局思考能力，能敏锐把握事物关键，控制事态整体局面，协调相关资源，引导事态向既定的目标发展
	创新：是否善于主动、自发学习，扬长避短，经常针对本职或其他业务领域尝试创新或提出创意性的解决方案
	态度：在价值观和行为表现上是否符合公司对服务意识、敬业精神、道德情操、品质意识、团队精神、创新意识方面的要求

下级评议							
类别	要素	单项评定					意见
		5	4	3	2	1	
领导能力	有较强的领导气质和人格魅力						
	管理公平公正						
	沟通说服能力强						
团队建设	有较强的亲和力，与员工人际关系和谐愉快						
	所带领团队目标一致，凝聚力高						
	善于全局思考，敏锐发现问题关键，引导团队实现目标						
下属培养	重视和关心下属的工作兴趣及个人发展						
	下属工作中遇到困难，会提供有力的支持、协助						
	工作中能提供及时、需要的指导和在职培训						
职业态度	身先士卒，能起到模范带头作用，行为符合企业价值观要求						

（3）测评反馈

测评结束的反馈工作能够检验测评效果，企业最好选择专人负责反馈谈话，帮助相关人才了解自己和企业的需求，并教会员工看懂评估报告，利用评估报告改进自己的各方面素质。

为了最大限度地保证 360 度测评的效果，企业管理者需要结合自身生产经营的属性来设计测评方案。对于生产销售型企业来说，员工的考核测评标准容易量化，因此一般不采用 360 度测评，反而研发类或服务类企业更适合 360 度测评。

另外，由于 360 度测评需要多人参与，企业应具备一定规模才能更好推进，最好规模能达到 500 人及以上。

4.1.7 人才性格测评深入了解

性格在通常意义上是指一个人相对稳定的心理特征和行为倾向，通过对一个人进行性格测试，可以对其行为倾向进行捕捉，预测其未来的工作状况及业绩。常见的性格测评分为两大类，一是自陈量表式测验；二是投射测验。下面来具体认识。

（1）自陈量表式测验

自陈量表式测验指让被测验者自己评价自己的人格特征。自陈量表通常由一系列问题组成，一个问题陈述一种行为，被测验者要依据自己的情况如实回答。常用的自陈量表有这样一些。

①明尼苏达多项人格测验（MMPI）：是由明尼苏达大学教授哈瑟韦和麦金力制定的，是迄今应用极广、颇富权威的一种纸-笔式人格测验，适用年龄在 16 岁以上，形式包括卡片式、手册式、录音带形式及各种简略式、计算机施测方式，既可个别施测，也可团体施测。

该问卷的制定方法是分别对正常人和精神病人进行测试，以确定在哪些条目上不同人有显著不同的反应模式，因此该测验最常用于鉴别精神疾病。不过同时它也广泛应用于其他领域，而人才心理素质、个人心理健康水平、心理障碍程度等的评估结果对于企业来说有很高的参考价值。

企业可购买或开发该测验系统，或是通过网页线上测验，完成对员工的测评，非常简洁方便，如图4-5所示。

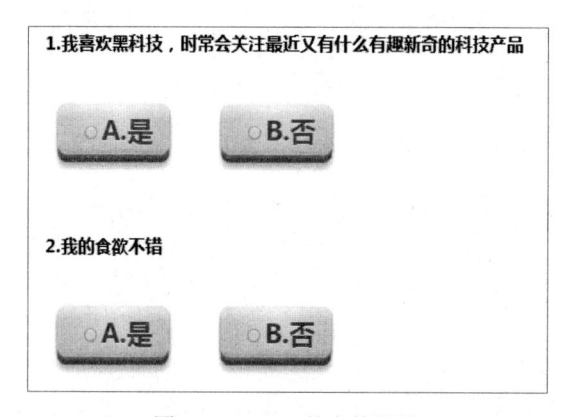

图4-5 MMPI的在线测试

②卡特尔16种人格因素量表：16种人格因素测验（16PF）是卡特尔教授编制的用于人格检测的一种问卷，适用于16岁以上的青年和成人。卡特尔认为人格的基本结构元素是特质，特质的种类很多，有人类共同的特质，有个人独有的特质。有的特质是遗传而来的，有的特质生成于环境；有的与动机有关，有的与能力有关。

卡特尔在其人格的解释性理论构想的基础上，从16个方面描述个体的人格特征。这16个因素或分量表的名称和符号分别是：乐群性（A）、聪慧性（B）、稳定性（C）、恃强性（E）、兴奋性（F）、有恒性（G）、敢为性（H）、敏感性（I）、怀疑性（L）、幻想性（M）、世故性（N）、忧虑性（O）、实验性（Q1）、独立性（Q2）、自律性（Q3）、紧张性（Q4）。有关这16个因素的具体说明见表4-9。

表 4-9 卡特尔测验 16 个因素的说明

因 素	低分特征（1～3 分）	高分特征（8～10 分）
乐群性（A）	倾向于生硬、冷酷、多疑、含蓄、离群。相对于与人交往，更喜欢面对物品，经常独自做事，对不同意见不愿和解，按刻板生硬的方式和个人准则行事	倾向于热心、随性、好脾气、开朗、易合作，能适应环境。喜欢与人打交道的工作，能迅速与人组成较活跃的组织。对人宽宏大量，不怕批评
聪慧性（B）	倾向于学习和领悟缓慢、迟钝，智能较低，对事物多采用具体和刻板的理解	倾向于智能较高，学习能力强，能迅速领悟各种观念，具有抽象性思维，其聪明才智与文化水平相一致
稳定性（C）	倾向于在困难条件下表现出对挫折的耐受性差，情绪波动明显，疲倦、烦躁、易颓废，有时显得幼稚	倾向于情绪稳定，能面对现实，做事沉稳。有时对不能解决的情绪问题采取退出的处理方式
恃强性（E）	倾向于谦让、温顺，安于现状，缺乏自信，易依赖别人，对指责易产生焦虑	倾向于严厉、顽固、主观武断，不友善，对他人过分指责。不怕强权，自视很高
兴奋性（F）	倾向于克制、沉默、内省、严肃，有时会郁郁寡欢，过分谨慎。爱独处，甚至自我压抑	倾向于活跃、热心、冲动、易变，为人坦白，易被选为领导
有恒性（G）	倾向于意志易动摇，缺乏责任感，做事轻率，且缺乏奉公守法的精神	倾向于性格严峻，有强烈责任心，有计划，有恒心，善宽容。道德感强，细心周到，善始善终
敢为性（H）	倾向于胆小退缩，小心谨慎，喜欢安静，常有自卑感，经常克制自己的情感	倾向于喜欢社交，喜欢探求新事物，个性主动，常粗心大意，忽视细节
敏感性（I）	倾向于固执任性，注重实际，有时显得冷酷、现实。办事有逻辑性，冷静自持	倾向于敏感善良，易受感动。但有时过分不讲实际，易感情用事，缺乏耐心与恒心
怀疑性（L）	倾向于依赖随和，安全感强，无嫉妒心，能接受别人的意见，易相处，容易信任他人也易受人欺骗	倾向于刚愎自用，固执己见，多疑，不过警惕性高，与人交往常斤斤计较，不考虑别人的利益
幻想性（M）	倾向于注重现实，办事力求稳妥，合乎成规。对生活细节较重视，能考虑自己的行为活动是否合乎社会规范	倾向于爱幻想，狂放任性，往往自得其乐，自我陶醉。通常忽视生活细节和现状，做事常从自己的动机和兴趣出发
世故性（N）	倾向于淳朴、天真，为人坦白，易相信人，可能会让自己处于被动状态。社交时较笨拙，甚至回避社交	倾向于世故圆滑，精打细算，办事老练，近乎狡猾。聪明且善于社交，具有洞察力
忧虑性（O）	倾向于自信沉着，从生活中自足自乐，不易烦恼	倾向于自我内疚，常烦恼自扰，甚至沮丧悲观，常常妄自菲薄，时有犯罪感

续上表

因　素	低分特征（1～3分）	高分特征（8～10分）
实验性（Q1）	倾向于保守，坚持以往所受的教育和传统观念，对新观念接受度不高，善忍受	倾向于激进，不拘泥于现实，思想自由，喜欢多了解、少说教。更看重生活实践，有分析批判能力
独立性（Q2）	倾向于依赖他人，喜欢与别人一起工作和决定问题，想要寻求社会鼓励，因此容易缺乏个人决断	倾向于我行我素，独立性高，不依赖他人，也无意支配或控制别人，做事当机立断
自律性（Q3）	倾向于自制能力低，不为意志的克制而操心，在矛盾冲突时难顾大体，很少考虑社会要求，常常感到不能适应环境	倾向于自律严谨，能有效控制自己的情绪和行为，言行一致，自尊心强
紧张性（Q4）	倾向于平静松弛，不易紧张，不颓丧。有时由于满足感高反而导致懒惰和低效	倾向于紧张困扰，容易兴奋、不安、无忍耐性，常常搞得自己很忙而心神不安，时常感到疲劳、焦虑

③MBTI性格类型测试：是迈尔斯-布里格斯类型指标，该指标以心理学家卡尔·荣格划分的八种心理类型为基础，经过多年研究编制而成。

在最近几年，MBTI性格测试尤其受到青睐，不仅在社交网络上成为讨论焦点，在企业管理方面也多有利用。MBTI指标有四个维度，具体见表4-10。

表4-10　MBTI指标的维度及类型

维　度	类　　型	
注意力方向（精力来源）	E（extrovert）：外倾	I（introvert）：内倾
认知方式（如何搜集信息）	S（sensing）：实感	N（intuition）：直觉
判断方式（如何做决定）	T（thinking）：思考	F（feeling）：情感
生活方式（如何应对外部世界）	J（judgment）：判断	P（perceiving）：感知

四个维度就是四把标尺，管理者对员工的测试也落在这四把标尺上，每把标尺的两端就是对应的两种性格类型，每个人的性格都会落在标尺的某个点上，靠近哪端，就意味着其性格更偏向哪边，越接近端点，偏好越强。依据这四个维度、八种类型，可以得到16种人格类型，具体见表4-11。

表 4-11　MBTI 的 16 种人格类型

类　　型	具体介绍
物流师型人格（ISTJ）	优点：诚实和直接；意志坚强，尽职尽责；冷静而务实；创建和执行秩序；果断；万事通 缺点：固执；麻木不仁；墨守成规；经常不合理地责备自己 职场特点：专注于建立长期、稳定的职业生涯；一般单独工作；在团队中需要明确的角色定位；渴望责任，这使其成为零碎和不受欢迎的项目的首选下属；没有比物流师更值得信任的同事，可以确保项目按时完成并按规定完成 偏好的职业领域：商业、金融、小学教育、法律、应用科学、卫生保健、服务、技术类
守卫者型人格（ISFJ）	优点：可靠和耐心；富有想象力和观察力；热情；忠诚和勤奋；良好的实践技能；支持与后盾 缺点：过于谦虚和害羞；把事情看得太个人化；压抑自己的感受；超负荷自己；不愿改变；过于利他主义 职场特点：守卫者善于记住他人的事情，是有价值的助手，也是深受喜爱的同事；不太可能积极寻找管理职位，也不会吹嘘自己的成就；无论是下属、同事还是上司，守卫者将良好的服务和奉献精神置于一切之上 偏好的职业领域：卫生保健、社会服务、教育、商业、服务、设计、艺术
提倡者型人格（INFJ）	优点：创意；见地；原则；热情；利他主义 缺点：对批评敏感；不愿敞开心扉；完美主义；避免平凡；容易倦怠 职场特点：倾向于寻求价值观一致的职业道路，而不是提供地位和物质利益的职业道路。更喜欢独自工作，以自己的方式追求目标。作为下属，喜欢思想开放并愿意考虑其意见的上级；而作为管理者，他们不喜欢行使自己的权力，遵循民主管理 偏好的职业领域：咨询、教育、科研、文化、艺术、设计等领域
建筑师型人格（INTJ）	优点：理性；知情；独立；坚定；好奇；多才多艺 缺点：傲慢；不屑一顾；过于挑剔；好斗；浪漫无知 职场特点：不满足于平淡无奇的职业，希望解决有意义的挑战并为重要问题找到优雅的解决方案，随着职业发展，他们可能会被吸引到能够影响企业或组织整体战略的职位 偏好的职业领域：商业、金融、技术、教育、健康保障、医药等领域
鉴赏家型人格（ISTP）	优点：乐观和精力充沛；创造性和实用性；自发性和理性；知道如何确定优先级；危机中的伟大；放松 缺点：固执；麻木不仁；私密和矜持；容易无聊；不喜欢承诺；冒险行为 职场特点：鉴赏家的职业规划是最难确定的，行为具有多样性和不可预测性，关注实际的解决方案，是天生的问题解决者 偏好的职业领域：服务、技术、刑侦、健康护理、商业、金融、手工、贸易等

续上表

类　型	具体介绍
探险家型人格（ISFP）	优点：迷人；对他人敏感；富有想象力；充满激情；好奇；艺术
	缺点：极度独立；不可预测；容易紧张；过度竞争；波动的自尊
	职业特点：厌恶在一成不变的环境中无所事事，在工作中拥有自由精神，喜欢有回旋余地或按照自己的方式做事的职位
	偏好的职业领域：手工艺、技工、艺术、医护、科学技术、销售、商业、服务业等
调停者型人格（INFP）	优点：善解人意；慷慨；思想开放；创意；充满激情；理想主义
	缺点：不切实际；自我隔离；注意力不集中；情感脆弱；不顾一切地取悦；自我批评
	职业特点：调停者最中意自由职业，无论做什么，他们希望自己的工作正在帮助他人；虽然调停者适应性强，但对高压力、官僚主义或忙碌的环境下的工作没有动力
	偏好的职业领域：创作类、艺术类、教育、咨询辅导类、研究、保健、技术等领域
逻辑学家型人格（INTP）	优点：逻辑分析强；原创；思想开放；好奇；客观
	缺点：脱节；麻木不仁；不满意；不耐烦；完美主义
	职业特点：这类型的人渴望智力刺激、追求想法的自由以及解决具有挑战性难题的机会
	偏好的职业领域：计算机应用与开发、理论研究、学术领域、专业领域、创造性领域等
企业家型人格（ESTP）	优点：大胆；理性和实用；原创；洞察力；直接；善于交际
	缺点：麻木不仁；不耐烦；容易冒险；非结构化；一叶障目；挑衅
	职业特点：在工作中能快速结交朋友，观察力强但不耐烦，能够一目了然地了解整个情况并采取行动，管理职位是让他们觉得最舒服的职位
	偏好的职业领域：金融、商贸、体育、娱乐、商业等
表演者型人格（ESFP）	优点：大胆；原创；美学和表演技巧；实用；观察力；优秀的人际交往能力
	缺点：敏感；厌恶冲突；容易无聊；不做长期计划；不专心
	职业特点：表演者是天生的活动策划者、销售代表、旅行策划者和导游，享受与他人共度时光并了解对方，对时间表、结构和重复表示厌恶，不习惯朝九晚五的生活
	偏好的职业领域：教育、社会服务、健康护理、娱乐业、商业、服务业等
竞选者型人格（ENFP）	优点：好奇；洞察力；热情；优秀的沟通者；喜庆；善良
	缺点：取悦他人；不专心；杂乱无章；过于随和；过度乐观；躁动不安
	职业特点：竞选者能够平衡创造力和人际关系，鼓舞人心，关怀工作伙伴，让工作环境更具创意
	偏好的职业领域：创作类、艺术类、教育、咨询辅导类、研究、保健、技术等领域

续上表

类　　型	具体介绍
辩论家型人格（ENTP）	优点：知识渊博；思维敏捷；原创；优秀的头脑风暴者；精力充沛；有个人魅力 缺点：非常有争议；麻木不仁；不宽容；难以集中注意力；不喜欢实际问题 职业特点：辩论家能够自然地参与到工作中，并对高效工作和帮助别人感兴趣，专注于为有趣且多样化的技术和智力问题提供解决方案，希望自己的想法能被上级接受 偏好的职业领域：创作、创业、开发、投资、公共关系、政治、创造性领域等
总经理型人格（ESTJ）	优点：敬业；意志坚强；直接和诚实；忠诚、耐心和可靠；享受创造秩序的乐趣；优秀的组织者 缺点：不灵活和固执；对非常规情况感到不舒服；过于关注社会地位；难以放松；难以表达情感 职业特点：总经理型人格在工作中创造秩序、遵守规则，并努力确保工作以最高标准完成，偷工减料和推卸责任是失去其尊重的最快方式 偏好的职业领域：营销、服务、科学技术、自然物理、管理、专业人员等领域
执政官型人格（ESFJ）	优点：较强的实践能力；强烈的责任感；非常忠诚；敏感和热情；善于与他人联系 缺点：担心个人社会地位；不灵活；不愿创新或即兴发挥；容易受到批评；太需要赞美；太无私 职业特点：尊重上司的权威，经常在工作中寻找朋友，享受组织社交场合所带来的责任，通常在具有清晰、可预测的层次结构和任务的环境中工作得最好 偏好的职业领域：卫生保健、教育、社会服务、咨询、商业、营销、服务业、文书等领域
主人公型人格（ENFJ）	优点：乐于接受；可靠；热情；利他主义；魅力超凡 缺点：不切实际；过于理想主义；居高临下；过分善解人意 职业特点：在工作中通过能力和愉快的心情承担多种责任，会寻找机会帮助同事发挥潜力，创造双赢局面 偏好的职业领域：信息传播、教育、服务业、卫生保健、商业、咨询、技术等领域
指挥官型人格（ENTJ）	优点：高效；精力充沛；自信；意志坚强；战略思想家；魅力和鼓舞人心 缺点：固执和霸道；不宽容；不耐烦；傲慢；情绪处理不当；冷酷无情 职业特点：工作场所对于他们来说就是一个自然栖息地，对自己的标准要求很高，善于交际，非常喜欢在头脑风暴会议中分享想法和建议 偏好的职业领域：商业、金融、咨询、培训、专业性职业、技术领域等

（2）投射测验

投射测验是人格测量方法之一，通过给受测者一系列的模糊刺激，如墨渍、无结构的图片等，让被试者在不受限制的条件下做出反应及回答，其动机、态度、情感以及性格等就会在回答的过程和内容中不知不觉地显露出来，从而让测评人了解受测者的若干人格特征。常用的投射方法有以下两种。

①罗夏克墨迹测验（RIBT）：通过向被试者呈现精心制作的墨迹图，让其自由地说出由此所联想到的东西，记录被试者的动作及各种反应，加以分析，进而对被试人格的各种特征进行诊断。

②主题统觉测验（TAT）：测验材料由 30 张内容模棱两可的图片和一张空白图片组成，主测者按顺序逐一出示图片，要求被测者对每一张图片都根据自己的想象和体验讲述一个内容生动、丰富的故事。通过分析被测试者对这些材料的解释，便可以探究其内心深处的心理特征。

4.2 利用有效的人才盘点工具

为了了解企业内的员工，进行有效分类，管理者可将各种人才盘点工具利用起来，让人才盘点工作更加得心应手，常见的人才盘点工具有以下一些。

4.2.1 绩效 - 潜力矩阵

绩效 - 潜力矩阵也被称为绩效潜能九宫格，通过两个维度对人才进行考核分类，一是绩效情况，代表工作结果；二是潜力，代表工作过程。通过此工具图表，管理者可将企业内部大量员工进行简单分类，着重培养更优质的人才，委以重任，让人才在组织内部释放更大的价值。

绩效 - 潜力矩阵主要由两个坐标轴组成，横坐标以人才潜力（行为/素质）为指标，纵坐标以绩效成绩为指标，将人才划分为九类，具体内容如图 4-6 所示。

图 4-6 绩效-潜力矩阵

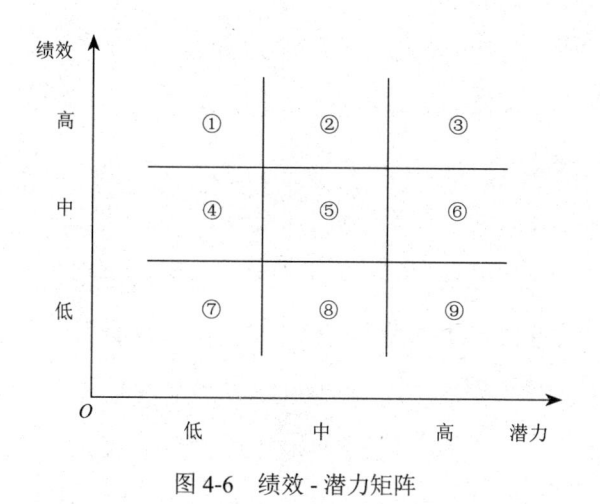

图 4-6 中划分的人才类型具体代表什么呢？下面通过对应序号了解。

①高绩效低潜力员工为"熟练员工"，表现尚可，可让其在现任岗位上发展，适当激励，给予更多的支持与职权。

②高绩效中潜力员工称得上"绩效之星"，可放手历练，激励对方，说不定会大有长进，同时考虑扩大其职责范围，升职加薪，留住人才。

③高绩效高潜力员工是企业内的"明星员工"，管理者需要重点保留，适当晋升，给予更大责任，锻炼其能力，可通过加薪等方式激励。

④中绩效低潜力员工能基本胜任工作，管理者需要保持其绩效的稳定，进行相应的辅导与培训，可以选择将其调岗，或是留任现岗。

⑤中绩效中潜力员工是企业的"中坚力量"，可以给予挑战性的任务，进行适当辅导与关注，会有不错的成长。

⑥中绩效高潜力员工是企业的"潜力之星"，可以规定绩效目标让员工努力去达成，考虑通过晋升、加薪等方式激发员工潜力。

⑦低绩效低潜力员工是企业内的"问题员工"，管理者最好尽快招聘新的岗位员工，将问题员工淘汰掉。

⑧低绩效中潜力的员工表现欠佳，是企业的"差距员工"，管理者可

对其降职降薪或调岗，继续观察一段时间，通过激励辅导查看员工的改变。

⑨低绩效高潜力的员工是企业的"待发展者"，可给予一定的资源和机会帮助其提升业绩。

这九类员工中，④⑦⑧为低质人才，①⑤⑨为可发展人才，②③⑥为优秀人才，管理者可分别按照人才类型采取统一的管理行动。一般来说，对于优秀人才，企业要加大投入，给予各种物质及非物质性的激励；对于可发展人才，管理者要肯定其工作能力，给予各种辅导，制订个人发展计划；对于低质人才，管理者要敦促其提升绩效成绩，必要时可放弃。

了解绩效-潜力矩阵的实际内容后，管理者如何判断员工的绩效高低和潜力大小呢？绩效高低可根据员工的绩效成绩进行划分，而潜力大小可通过以下一些问题进行评判：

①员工能否在未来一年胜任高一级的职位或承担更多的责任？（只考虑员工能力）

②员工现在的表现是否能在未来五年为企业带来可观利益？

③员工是否有超强的学习能力去适应更多的工作或更高的职位？

④员工是否有突出于团队其他人的出色表现和行为？

⑤员工是否表现出从战略角度看待问题的能力？

⑥员工是否表现出必要的灵活性和主动性，可以承担一份全新的工作？

⑦员工是否有深造的想法和需求？

…………

以上问题答案为"是"的次数越多，潜力越大。

4.2.2 学习力（潜力）评价表

从上一小节能看出，人才潜力是企业决定是否对其重点培养的重要因素，因此对潜力的测评显得非常重要，管理者可以利用有效的潜力测评工具帮助自己更快了解员工潜力,其中就包括学习力(潜力)评价表,见表4-12。

表4-12 学习力(潜力)评价表

维度	思 维	人际交往	改变创新	结果导向
①	在相关专业领域有较强的专业能力和视野	对于人际关系有较高敏感度	不满足于现状,不断改善	有较强的自我驱动力和能动性
得分				
②	面对工作有解决问题的有效方法	能够通过交流影响他人	愿意迎接挑战,不轻易放弃难题	愿意付出足够的努力,吃苦耐劳以求一个好的结果
得分				
③	从容面对各种复杂模糊的工作境况	能够倾听和接纳不同意见和负面情绪	善于引入新的概念和工作方法	定下较高的绩效标准,并激励团队达成
得分				
④	向他人清晰解读并说明工作思路	能够自我察觉内在情绪并消化情绪	愿意收集和尝试新的方案及创意	鼓励自己和同事共同进步,发挥自己的潜力
得分				
⑤	善于发现错误,并将此视为改进机会	善于组织和协调组织或团队各方人员	能够推动工作上的变革,包括工作方式和工作理念	以结果为导向,不拘泥于方式方法也要达成目标
得分				
总分				

表4-12从思维、人际交往、改变创新和结果导向四个方面划分了五个维度,对人才的潜力进行评估,每个维度分值为5分,总分100分,使用者根据人才的符合程度打分,最后根据总分进行评级。90分及以上为高潜力人才,70~89分为中等潜力人才,60~69分为低潜力人才,60分以下可以忽略。

除了表4-12,学习力(潜力)评估表还有其他内容,包括潜力评估维度及定义、对应行为项、潜力等级划分，这种设计内容对评估维度的解释更加具体，管理者在评估时更加准确、方便，具体见表4-13。

表4-13 潜力评价表

填表说明：
1.潜力定义：指员工向上一级再发展的速度和可能性
2.5分制评分，根据行为出现的频率进行评分。5分："一贯"存在；4分："经常"出现；3分："有时"出现；2分："很少"出现；1分："从不"出现
3.评分时，被评价人的分值必须至少出现三个（如5分、4分、2分）

维度	子维度	定义	行为项			
思维力（对事）	分析能力（深度）	保持清晰的逻辑和分析思路，能够在繁杂信息或现象中洞察事情的本质与规律	1.是否能够保持清晰的逻辑和分析思路			
			2.是否能够透过现象，分析和洞察事物背后的本质、规律和关系			
	广阔视角（广度）	善于跳出自己目前的岗位和角色，能在大背景、多维度、全链条的环境下思考与分析问题	1.是否能从更高的岗位层次思考和分析当前的问题			
			2.能否摆脱岗位本身的限制，将岗位本身或超出岗位之外的有用信息很好地联系起来分析和解决问题			
人际洞察	自知（自己）	对自身长短处，尤其是不足有清楚的认知，以谦虚和包容的心态接受不同的意见及建议	1.是否以平和的心态看待自身的长短处，尤其是不足，并能够有意识地加以改进			
			2.是否能够对不同意见、观点和事务保持开放和接受态度			
	人际理解（他人）	具有较高的人际敏感度，注意理解他人语言、情绪及行为背后的动机，能够站在他人角度考虑问题	1.是否能够仔细聆听他人的观点并澄清问题的关键所在，常常能够理解和观察到他人语言、情绪及行为背后的动机和含义，而非对他人或动机妄下结论			
			2.是否能够经常换位思考，站在他人角度考虑和理解问题			

续上表

维度	子维度	定义	行为项			
动力（自我）	快速学习（表现）	对未知问题保持好奇心，快速掌握新技能，持续保持阶段性（每三至六个月）的进步与成长	1.是否展现出较强的好奇心和学习愿望，愿意探究和解决未知问题			
			2.是否善于总结归纳，并保持阶段性的进步和成长			
	内驱力（内在）	进取及成功欲望强，以高目标及标准驱动、牵引工作和能力提升，执着而充满激情	1.是否主动、经常对自身工作设置高目标或高标准			
			2.是否具有强烈的进取及成功欲望，并对自己设置的目标保持激情并执着达成			
总平均分						
潜力等级						
潜力等级分为三等，A：总平均分 ≥ 4.0；B：4.0 > 总平均分 ≥ 3.0；C：总平均分 <3.0						

4.2.3 工作量分析及效能提升表

企业要了解员工潜力还可以用到工作量分析表（表4-14），通过合理分配员工的工作量，能让员工明确工作重点，进而提升工作效能，同时也能从侧面了解员工的效能提升情况，对员工的个人潜力有基本的把握。

表 4-14 工作量分析及效能提升表

频率	性质	主要工作内容	用时	日均用时	占日均实际工作量比例	结合公司和部门目标，实现效率提升的方法	调整后用时	调整后日均用时	调整后占日均实际工作量比例
		合计				—	—		

管理者通过表格统计员工工时，分析调整之后，对工作时间进行科学管理，不仅有利于人才盘点，还能有效提高工作效率，且该工具表格日常便可投入到工作中使用，一举多得，非常实用。

4.2.4　ATD人才发展能力模型

ATD（association for talent development）为人才发展协会，成立于1943年，是全球专注于人才发展领域专业人士的协会，每隔一段时间，该协会便会发布新版的人才发展能力模型，给出人才发展趋势，定义优秀人才所需的知识与技能，为人才深造及能力评估提供了依据。

最新的人才发展能力模型主要包括三个领域的核心能力，管理者可从图4-7中的三个方面评估员工的素质。

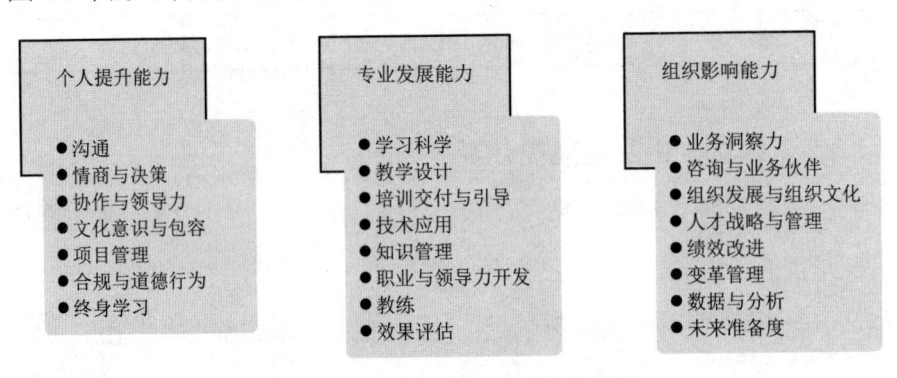

个人提升能力	专业发展能力	组织影响能力
●沟通 ●情商与决策 ●协作与领导力 ●文化意识与包容 ●项目管理 ●合规与道德行为 ●终身学习	●学习科学 ●教学设计 ●培训交付与引导 ●技术应用 ●知识管理 ●职业与领导力开发 ●教练 ●效果评估	●业务洞察力 ●咨询与业务伙伴 ●组织发展与组织文化 ●人才战略与管理 ●绩效改进 ●变革管理 ●数据与分析 ●未来准备度

图4-7　新版ATD人才发展能力模型

ATD人才发展能力模型提供了三大能力测评，通过最终的测评报告，能够让有关人员的潜能、优势与发展方向更加清晰明了，员工可在ATD官网进行能力测评，具体操作见下例。

实用范例　在ATD官网进行测评

进入ATD官网，在首页单击"能力测评与课程"选项卡，在弹出的菜单中单击"免费能力测评"超链接，如图4-8所示。

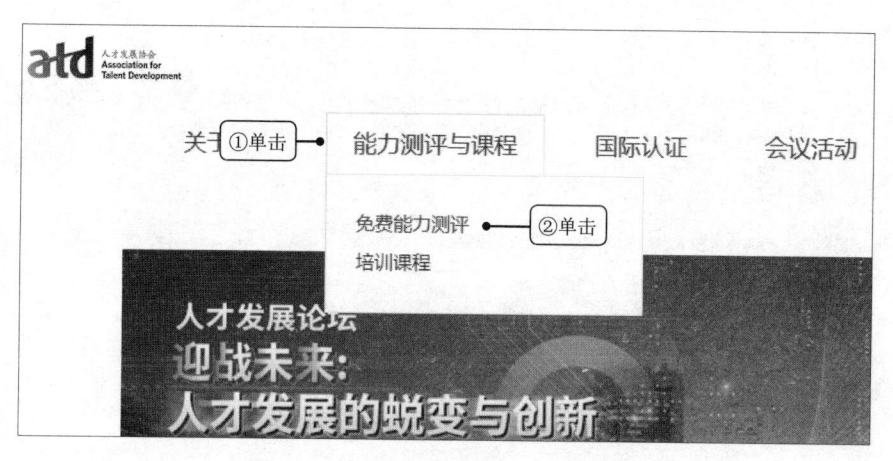

图 4-8　单击"免费能力测评"超链接

在跳转页面中的"ATD 人才发展能力模型在线测评"栏，单击"点击测评"按钮，如图 4-9 所示。

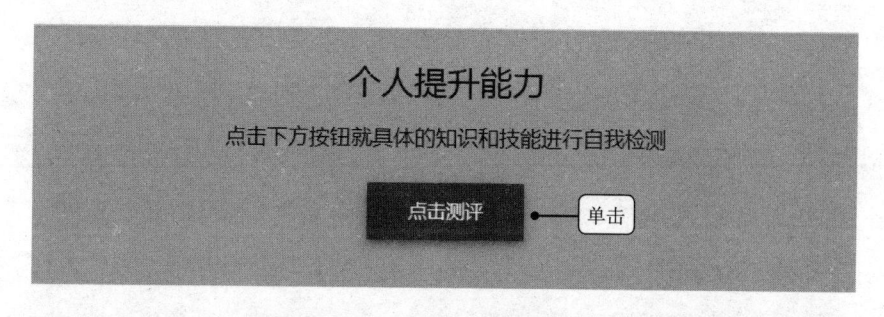

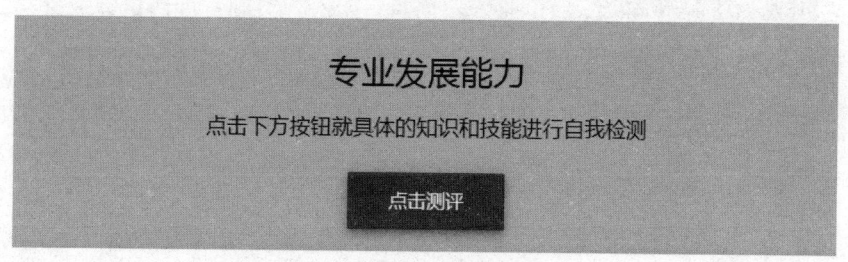

图 4-9　点击测评

进入测评页面，阅读测评问卷的详细介绍，然后单击"下一页"开始测评，首先是对"个人能力提升"的测评，如图 4-10 所示。完成所有测评内容后，填写好个人信息，单击"提交"按钮即可获取专属测评报告。

```
1.1 沟通

沟通就是与他人沟通。要想有效沟通，就需要掌握沟通原则和技巧，向特定受众清楚传达相应信息。这
需要积极倾听，引导对话，以及清楚、简洁、有力地表达个人想法、感受和观点的能力。

* 通过明确、简洁并且引人注意的方式表达想法、感受和理念的技能。
  ○1分 ○2分 ○3分 ○4分 ○5分

* 运用积极倾听原则的技能。例如专注于某人所说的话，延缓判断，适当地作出反应。
  ○1分 ○2分 ○3分 ○4分 ○5分
```

图 4-10 "个人能力提升"测评内容

4.2.5 与时俱进，利用人才盘点系统

人才盘点工作的复杂性决定了研究者对处理工具的探索进程将持续推进，人才盘点系统的搭建也变得必不可少，通过建立各种功能模块，将组织内部人员通过网络系统连接起来，让人才管理变得自动化、系统化。最重要的是，人才盘点系统是动态管理人才各项情况，实时更新、记录、储存人才管理信息的重要工具。人才盘点系统的应用场景具体包括三个方面。

①人力资源管理：综合企业人才信息，为人力资源管理提供数据支持。

②组织管理：通过组织结构分析，帮助企业设定战略目标和计划。

③绩效管理：收录员工绩效数据，总结员工绩效表现，帮助有关部门制定更适合的绩效目标和激励方案。

在各项人才管理和组织管理活动中，人才盘点系统的具体作用有哪些呢？下面简单认识一下。

①人才现状一目了然：通过人才盘点系统，管理者可以轻易搜索、查阅人才的配备情况、整体素质、离职情况等，无论要进行什么人事管理活动都有据可依，做出更为正确的管理决策。

②优化人才结构：通过对比人才盘点系统中的各部门数据，管理者可调整各部门的人员组成情况，减少部门冗员，或补充部门人力资源，使之符合部门业务需要，达到企业整体的用人平衡。

③人才流动更清晰：人才盘点系统能够直观记录、显示组织内部的人才流动情况，让 HR 及管理者可以掌握人才流动的频率、去向，分析背后的原因，从而有效调整人员结构，让人才去到该去的地方。

④多角度评估人才：搭建人才系统后，企业可直接在系统中完成对人才的评估，包括 360 度在线评估、性格测评、问卷测评、在线考核等，不仅能够多角度测评，还可直接综合各项测评成绩，方便有关人员一键获取信息。

⑤系统算法与分析：比起其他的分析测算模型，人才盘点系统可直接对大量数据进行分析处理，在数据支持和大数据算法下，企业能够得到更准确的评估结果。且系统可内置多种模型，包括聚类模型、回归模型、分类模型等，智能选择分析模型，让企业节省了很多时间和精力。

⑥智能决策：人才盘点系统在测评后，不仅可以给出最终的分析结果，还能通过数据可视化功能，用图表展示评估结果，给出进一步的智能决策，帮助管理者做好人才盘点工作。

这些功能需要人才盘点系统的不同功能模块来实现，每个企业搭建的人才盘点系统功能模块可能都不同，不过一般会包括五个模块。

①信息管理：该模块用于收集、记录、储存员工各项信息，包括姓名、岗位、工号、学历、工龄、薪酬、上下级、通信等。

②绩效管理：该模块用于考核、记录员工的绩效表现，包括绩效成绩、绩效反馈结果、绩效目标达成情况等。

③培训管理：该模块用于记录、生成员工培训项目，对员工培训进程实时跟踪，方便管理人员调整培训计划。

④晋升管理：该模块用于管理员工晋升的相关事宜，为人才晋升决策提供依据。

⑤数据分析：该模块用于员工各项数据的分析，帮助实现人才划分、人才调动、人才发展工作。

搭建人才盘点系统涉及技术问题和管理问题，客观上来说是非常困难的，且要耗费大量人力、物力、财力，因此很多中小型企业不会自行搭建，而是使用线上的、成熟的人才管理系统。即便是大型企业也会选择与一些人才管理平台合作，共同搭建适合企业的人才管理系统。下面推荐一些常见的人才盘点系统。

aTalent 推出的人才盘点系统工具能够帮助企业进行全方位人才盘点，通过建立人才评估体系，绘制人才地图，进行人才评估以及战略性人才规划，提高企业核心竞争力。该体系从技能、竞争力、整体绩效表现、企业价值观、潜力和留任风险等方面对人才进行评估，最后提供人才盘点独家深度报告。图 4-11 为 aTalent 人才盘点系统体验页面。

图 4-11　aTalent 人才管理平台

AskForm 开放式人才盘点系统有强大易用的人才盘点功能，包括盘点过程可视化、实时设定继任岗位人员及发展策略、定制人才盘点流程、定制数据分析看板和定制盘点报告等，图 4-12 为 AskForm 的人才盘点产品中心页面。

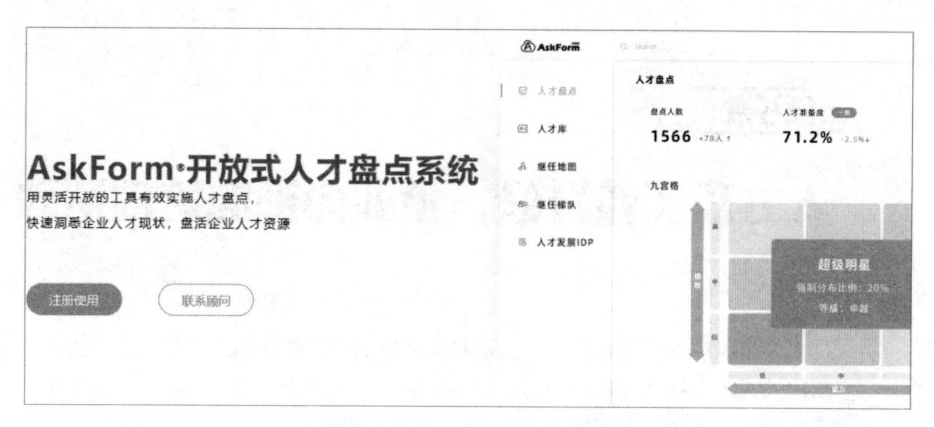

图 4-12　AskForm 人才盘点产品中心

知识扩展 **人才盘点系统的优势与不足**

　　人才盘点系统通过数据化和智能化为人才管理带来极大的便利，它的功能强大，但同时也存在一些局限性。下面简单认识人才盘点系统的优势和不足。优势主要有三点。

　　①系统程序的操作简便高效。

　　②评估与分析更科学，对人才的分类与选择更准确。

　　③有多种数据分析方式，可以更深入地挖掘人才潜力。

　　而人才盘点系统的不足也有三点，管理者需要了解并想办法弥补，这样可有效提升盘点效果。

　　①搭建系统难度大，成本高，企业员工需要时间学习。

　　②大量的信息录入，如果不小心泄露，无论对企业还是对员工个人都是很大的损失，安保问题不能忽视。

　　③系统有自身的限制性，不能完全替代人工管理，最好两相结合。

第5章

人才盘点校准会，企业内部的培训活动

人才盘点校准会顾名思义，就是对人才盘点和评估的结果进行校准，进一步精确对人才的判断，科学指导企业人才管理。人才盘点校准会结束后，企业需要整理出人才地图、结果报告等资料，方便后续管理工作。

5.1 人才盘点校准会三大要素

通过各种测评，企业管理者对组织内部的高潜人才有了定论后，还需进行一场讨论会，将涉及部门和人员聚在一起，就盘点的最终结果进行讨论，同时对人才的发展方向、招聘、激励等深入讨论，制订相应的对策与计划，这样的会议往往被称为"校准会"，即对人才盘点的各种信息进行校准。

5.1.1 人才盘点校准会的筹备资料

为了保证人才盘点校准会的顺利推进，参与人员需要提前准备好所需的资料，主要包括四类资料。

首先是人才盘点主题PPT，用于决定会议的主题、重要内容，把握会议流程，说明会议基本信息，使会议现场汇报更加清晰有条理，一般由人事部或人才盘点负责人制作。PPT的内容应该以主题、目录、组织结构、高潜人才名单、人才安排计划为主。

接着要统一整理好会议讨论对象的个人资料，包括简历、各种重要的人才测评报告、人才盘点表、人才盘点统计表，表5-1便可用于统计人才盘点结果。

表 5-1 人才盘点统计表

姓名	部门	岗位	上年度绩效等级	绩效评分	领导力评分	九宫格类别建议	目标培养岗位	准备度

准备度分为三种维度：A为随时；B为待发展一至两年；C为待长期发展三年以上

另外还要准备人才盘点的九宫格模型，便于在会议中讨论并调整人才在九宫格中的位置，安装了人才管理信息系统的企业可直接在系统中进行操作记录。

最后为了保证校准会的重要讨论内容不被遗失，盘点记录表是不能缺少的，主要内容包括会议主题、会议时间、会议地点、会议主持、与会人员、会议要点和会议决议。

5.1.2 确认人才盘点校准会的参与人员

负责人应该提早确定会议的与会人员，及时向有关人员发布会议信息，这样才能保证与会人员照常参加。而与会人员的确定与会议讨论对象息息相关，抓住了讨论对象，就能大致确定与会人员。

由于人才盘点项目需要顾及成本，因此人才盘点校准会通常针对董事长以下最多三级的管理人员或技术人员展开，这些被盘点对象的直接上级、隔级上级以及斜线上级就是重要的与会人员了。企业参会人员主要包括以下三类。

（1）会议主持人

会议主持人多由人才盘点项目负责人或 HR、HRBP 担任，主要负责以下一些会议基本事项：

①把控会议基本流程，使讨论方向不偏离主题。

②展示会议 PPT。

③在会议开场介绍会议目标等基本信息。

④维持会议的秩序，营造积极、开放的讨论氛围。

这些事项看似简单，却十分考验主持人的综合能力，除了要具备基本的会议主持能力及经验，还要对企业人才发展和人才需求管理有深入见解，并对人才盘点项目的内容有全面了解。

（2）直接上级和隔级上级

讨论对象的直接上级应当对其所在岗位及岗位职责非常了解，结合绩效成绩、测评报告与其他人的意见，直接上级能够做出较为准确的判断和规划。在人才盘点校准会中，直接上级主要起到以下一些作用：

①对直接下级的关键行为进行说明，提供更多决策依据。
②根据评估结果事先做好判断，在会议上说明自己的看法。
③通过自己对下级的了解，做出科学的人才发展计划，越详细越好。
④吸收他人的意见，调整既有的决策。

隔级上级作为更高一层级的领导，根据讨论对象的直接上级的判断和补充信息，能够对隔级下级的发展指出方向。

（3）斜线上级

斜线上级一般是指与讨论对象的直接上级同级的其他部门的领导，该部门通常与本部门有密切往来，或在一条业务链上。斜线上级可通过不同的视角提供一些有价值的信息，对讨论对象来说十分有利。

而且斜线上级能看到有关对象的其他可能性，比如认为讨论对象的某些优势契合己方部门的相关岗位，给出岗位调动的判断，或许更有利于员工发展以及提升与锻炼综合能力。

5.1.3 设计人才盘点校准会的议程

人才盘点校准会的负责人要提前设计好基本议程，方便主持人控场，同时保证每个议程高效完成，不至于耗费太多时间。表5-2为人才盘点校准会的基本议程，可参考借鉴。

表 5-2　人才盘点校准会基本议程

序号	关键人员	基本议程	议程关键点
1	主持人	开场介绍	①说明会议目标和原则 ②说明会议大致的时间安排 ③简单介绍会议参与人员
2	直接上级	上一年行动计划执行情况	①对于计划目标是否完成进行说明 ②提出上一年出现的问题，附上解决办法
3	直接上级	说明当前组织结构	①提出组织结构变化的可能性，并说明更改后的组织结构应该是怎样的 ②锁定组织结构中的关键岗位，以及在关键岗位上的人才 ③对关键岗位的能力要求进行阐述
4	直接上级	单个人才讨论	从能力、绩效、离职风险、潜力、职业发展等几大方面对单个人才进行讨论
5	主持人	团队讨论	①综合讨论多个盘点对象，确定高潜名单和继任名单 ②根据名单类型制订团队培训需求计划
6	记录员	总结行动计划	进行会议总结，得出最终的行动计划

一般来说，一场校准会大概需要五至六个小时，为了更有效地把握各个环节所需时间，负责人需要在基本议程的基础上进行更为细致的时间规划，具体见表5-3。

表 5-3　校准会时间规划

时间	校准会重要环节
10分钟	主持人开场介绍（会议目标、时间和流程安排、会议人员）
15~30分钟	直接管理人员对上一年人才发展管理情况进行介绍，然后展示组织结构和关键岗位胜任力模型等
2小时~3小时	从人才出发，通过各方面因素（绩效、潜力、职业兴趣、职业性格、离职风险、个人发展愿景）逐一盘点对象。盘点对象一般是重要岗位的任职者或继任者
1小时~1.5小时	中场休息或到点就餐

续上表

时间	校准会重要环节
1 小时	从岗位出发判断可以胜任的人才,扩大讨论范围,确定重要岗位的高潜人才名单以及可能的继任者
10 分钟	根据讨论的有关信息,定下一些计划方案,不需要非常详细
10 分钟	对当天的讨论内容进行简单总结,顺便给出接下来的工作方向

5.2 人才盘点校准会操作指南

人才盘点校准会的核心目的是通过多方人员参与,得到更全面的人才信息,做出更准确的人才培养方案,提高团队合作和沟通效率。为了让刚刚接触人才盘点校准会的人员适应并高效参与其中,负责人需对会议重要环节有更多的了解,从基本原则到具体的工作,再到注意事项都不容忽略。

5.2.1 人才盘点校准会基本原则

要让人才盘点校准会达到预期的效果,管理人员需要明白人才盘点校准会的基本原则,在准备、运行的过程中时刻谨记、遵守,内化于心,让自己的一切行动都有据可依。

①客观原则:整个校准会的讨论基础是客观的数据与直观的行为,无论是管理者还是员工代表,都要以客观信息为基础发表意见,而不是自己的主观臆断。

②开放原则:对于自己的意见要大方说出,没有保留,对于他人的意见,即使不认同也不要打断,或是急忙反对,要保持开放的心态,多一些思考和耐心,再提出有效的回复。

③保密原则:人才盘点校准会上不可避免地会有信息的共享,而这些资料和信息当然是不能外泄的,因此人才盘点校准会的讨论要有时间、地点和场所的限制,现场交流之后,参会人员不能将内部发言说与他人。

④聚焦原则：人才校准的时间是有限的，因此会议的讨论也是有章程的，而不是漫无边际的。无论是主持人还是与会者，都要明白讨论的重点，针对重点人才、重点岗位、重点人才标准展开讨论，聚焦在那些体现人才特征的重要维度上。

⑤公正原则：与会者对不同的盘点对象要保持公平公正的立场和中立的态度，不能因为个人交往、利益关系有所偏颇，最好在每个观点发出之前都有数据或事实的铺垫。

⑥多数原则：为了维持人才盘点校准会的效率，负责人在做出重要决策时，一般以多数原则为准，多数人同意的便可作为决策依据，简便有效。

5.2.2　人才盘点校准会的准备工作和收尾工作

充分的准备工作能让会议的推进更游刃有余，除了资料、会议安排等硬性准备，负责人还需做好"软性"准备，对会议性质和内容进行核实。可通过以下八个问题核实准备工作是否周全，每核实一项便可划掉一项。

①对此次校准会的属性是否确定？是为了什么而开展的讨论会？

②核对与会人员名单，是否合理？有否未顾及的人员？

③会议议程与时间安排是否合理？

④会议资料、使用文件是否整理完毕？有无缺失？

⑤会前是否与参会人员进行了资料对接？是否提前沟通会议有关事宜？

⑥是否清楚与会人员在会议中的角色和定位？

⑦是否考虑过会议的节奏把控方法？有无会议突发事件的处理方式？

⑧校准会的讨论信息是否有记录和保存方式？是利用过往保存方式还是采用新的系统？

在人才盘点校准会正式开始后，会议主持人或是负责人仍要做一些准备工作，即在讨论开始前说明会议议题、目的、流程、原则和人员分工。

正式展开讨论后为了保证节奏，主持人要利用好提前准备的问题示例清单。具体见表5-4。

表5-4 节奏把控问题清单

会议节奏点	把控流程问题示例
引出人才具体工作行为证明能力	对于王某领导力强的说法从何而来？有具体的例证吗？最好是近期的
人才关键行为带来的影响	王某领导能力强在××岗位上有哪些正面影响？最好有实际的例子和数据表现 王某在其他岗位会不会有更大的作用？他适合哪些其他岗位
讨论人才的缺点需转向弥补方案	王某协调能力不足对岗位工作影响大吗 他需要哪些方面的提升 公司能够给予资源提升吗
探究重要观点的依据	为什么你会觉得王某适合××岗位 你为什么觉得赵某离职风险低
人才优势最大化	如何能发挥赵某的创新能力 你认为王某如何使用这种能力在组织中发挥最大价值
获取人才个人意愿	作为直系领导，你认为王某能否接受岗位调动 你觉得赵某能否适应××岗位
提出更激进的观点	王某能力强表现佳，能否越级晋升 赵某已在××岗位上工作了五年，你是否考虑分权给她
探索员工的状态	如果××岗上的张某离职，会有什么影响？离职可能性有多大

校准会上的一切讨论结束后，负责人需要做好收尾工作，一是对讨论内容进行整理，形成有关报告；二是跟进待处理问题，检验人才盘点校准会的效果；三是存档更新各项资料。具体可通过以下三个问题核实收尾工作是否到位：

①是否根据会议结果更新人才信息？

②各部门是否依据讨论结果设计人才发展计划？

③人才发展后期是否持续跟进？

待办事项的跟踪可借助表格记录、处理，具体见表5-5。

表 5-5　待办事项跟踪表

序号	重要程度	待办时间	待办事项	责任人	截止时间	剩余时间	最新进展	完成进度	完成状态	备注

5.2.3　选择合适的会议讨论形式

校准会的讨论形式有两种——单个人才讨论和团队讨论，讨论的内容不同决定了讨论的形式不同，最终得到的结果也不同。下面对这两种形式进行介绍。

（1）单个人才讨论

单个人才讨论的每个对象都是被重点关注的，针对每个人的讨论都需要花费 20 分钟左右的时间，被讨论对象的直接上级、隔级上级和斜线上级须围绕其优劣势、潜力、绩效讨论保留计划和发展计划。

讨论期间常常会发生各种争议，这将大大延长每个对象的讨论时间，为了避免这种情况，提高效率，与会者可采取一些方法取得共识。

①三三原则：将被讨论对象的优势和劣势分而列之，对每一项进行投票，选出得票最多的三项优势或三项劣势，可在最快的时间得出结论。

②三阶段发展理论：在不知道如何设计人才发展计划的时候，与会者可利用三阶段发展理论。员工升职或是调岗有三个发展阶段——适应期、提升期、转型期，每个阶段的发展计划都不同。适应期熟悉工作事务，提

升期展现工作能力并创造效益，转型期则需要探索更多可能性，拔高工作目标。在该理论下，与会人员可按阶段制订可行的操作计划，更加有的放矢。

（2）团队讨论

团队讨论是将多个讨论对象一起比较、分析，由于涉及人数较多，因此与会者要更注重团队整体的人才分布状况，并针对整体情况作出决策。结束讨论后，一般通过人才地图的方式展示讨论结果。为了提高人才校准的精准度，与会者可采用以下方法。

①数据为准：以事实和数据为准，判定不同的人才，相信能获得大家的认可，不会有过大的反对意见。

②树立典型：在众多讨论对象中找到最特殊或最熟悉的人才，以他为标准，先将该人才放到人才地图中合适的位置，再将其他人与之对比，进而找到他们对应的位置，这样不至于盲目分析，更易获得一致意见。

5.2.4　人才盘点校准会的注意事项

了解人才盘点校准会的流程和内容是开展活动的基础，除此之外，负责人还需要避免以下情况发生。

①隔级上级滥用权限：隔级上级并不一定是最了解讨论对象的人，也未必是了解信息最全面的人，其得来的信息往往基于下级汇报。因此，其更多的是倾听意见、综合意见，并给出自己的意见，而不是滥用职权，直接命令并决定有关事项。

②隔级上级参与度低：在讨论过程中，隔级上级能够综合更高一层的视野和更全面的信息，平衡直接上级的观点，帮助直接上级作出决策。因此隔级上级要积极参与进来，而不是当"甩手掌柜"。

③没有保密规则：大家都知道人才校准的内容是严禁外泄的，为了防止信息泄露，除了口头说明外，负责人还应该设置保密规则，让泄密人承担相关责任。

④会议走流程：这种讨论会议办得好便是积极发言，各抒己见，办得不好就很容易掉入形式主义的窠臼，大家互相附和，失去了"校准"的意义，因此负责人一定要保证开放的会议氛围。

5.2.5　人才盘点校准会后的九宫格地图

从上一个章节中，大家对绩效-潜力矩阵，也就是九宫格人才地图有一定的了解，该工具常用于人才评估，但并不只展示单个人才在企业中的位置。人才盘点校准会在讨论后对人才位置进行最后调整，可将单个人才在九宫格地图中的位置进行综合，得出组织成员的人才分布情况，如图5-1所示。

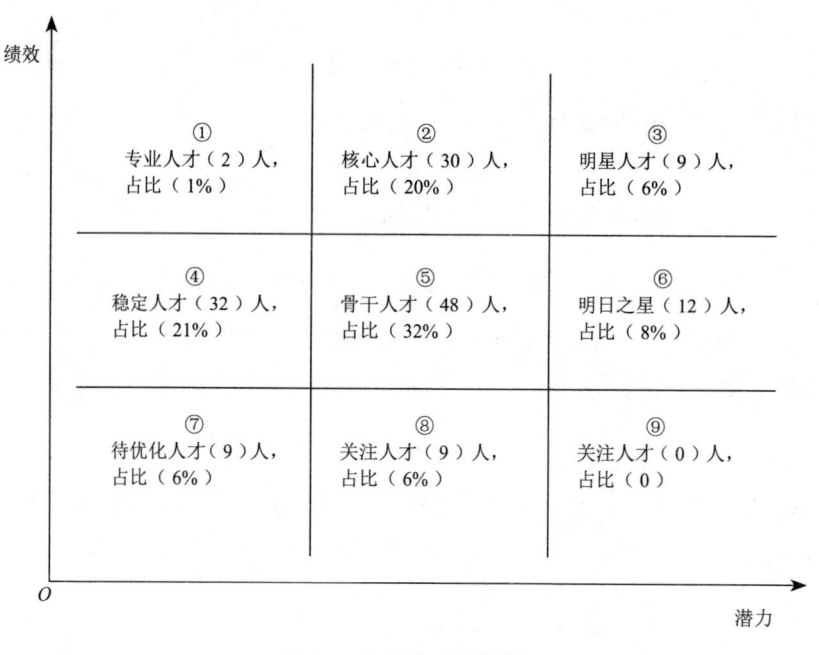

① 专业人才（2）人， 占比（1%）	② 核心人才（30）人， 占比（20%）	③ 明星人才（9）人， 占比（6%）
④ 稳定人才（32）人， 占比（21%）	⑤ 骨干人才（48）人， 占比（32%）	⑥ 明日之星（12）人， 占比（8%）
⑦ 待优化人才（9）人， 占比（6%）	⑧ 关注人才（9）人， 占比（6%）	⑨ 关注人才（0）人， 占比（0）

纵轴：绩效　横轴：潜力

图 5-1　九宫格人才地图

图5-1是某企业在人才盘点校准会后编制的九宫格人才地图，从图中的数据可以看出该企业的人才配置情况，经过分析得出如下结论。

①中层管理人员储备不足：高潜人才占比不足，不到15%，后继乏力，成熟员工断层严重。

②骨干人才不够理想：骨干人才数量不多，难以支持企业发展变革，后续培养有很大问题，短时间很难形成人才梯队。

③低贡献管理者占比较多：低潜力和低绩效人才比重超过30%，对组织管理造成了一定负担。

④人才管理进入瓶颈期：高潜人才和高精人才占比较少，企业经营整体进入成熟期，目前的人才结构难以有较大的突破，需要管理者有一定魄力打破现有人才结构。

除了组织整体人才分布展现，九宫格地图也可对组织内部各团队/部门的人才情况进行对比，如图5-2所示。

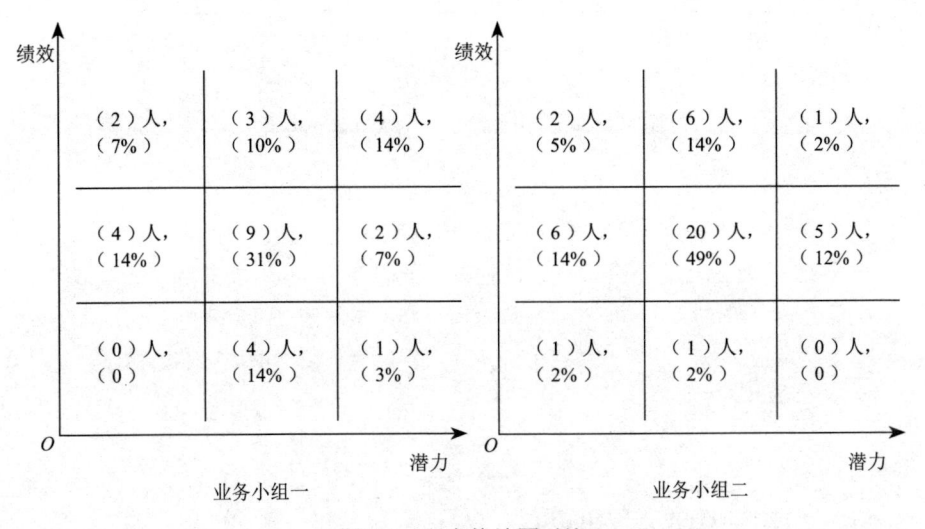

图5-2 九宫格地图对比

图5-2为某企业不同业务小组的人才分布情况对比，可以看出左边小组的重点关注人才较多，需要耗费团队更多精力进行培养；而右边小组的骨干人才储备更多，因此在业务处理上更流畅。

由此可见，不同团队的业绩差别不仅存在于表面，还有更深层次的含义，通过九宫格地图的对比，管理者更能看出彼此在人才储备上的差距，进而帮助团队找到改善方向。

> **知识扩展** 注意人才在九宫格地图上的变化
>
> 员工个人的九宫格人才地图还可用时间为线，展示人才的变化，图 5-3 为某企业的员工周某在企业三年的变化，通过人才在九宫格中的位置改变，管理者能够对人才的变化和现状有一定的了解，有利于人才的培养与深造。
>
> 图 5-3　周某在公司三年的人才地图变化
>
> 从图 5-3 中可以看出，周某刚开始的潜力很大，只是经验不足，因此没有较好的绩效表现，可能此时还处于任职的适应阶段。之后一年，他的绩效表现有提升，说明他的工作积极度很高，同时能在岗位上发挥自己的潜力，实现迅速成长。在第三年，因为熟悉了工作，虽然他的绩效表现尚可，但工作上没有别的发挥，个人潜力有所下降。管理者应该帮助员工突破瓶颈，给予其资源和深造的机会。

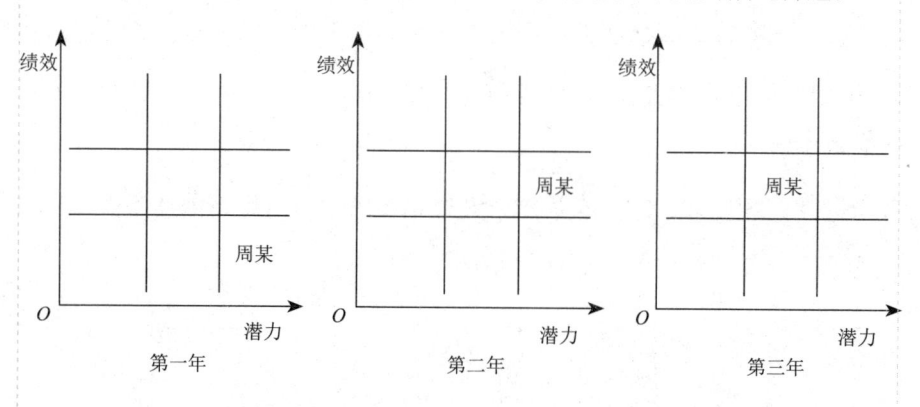

5.2.6　组织结构式人才地图

组织结构式人才地图顾名思义，就是将人才按照组织结构层级综合整理，对人才的名字、层级岗位、绩效、能力和潜力进行展示。比起九宫格人才地图，结构式人才地图能够展示人才的三个维度，使人才形象更加立体，如图 5-4 所示。

第一管理层

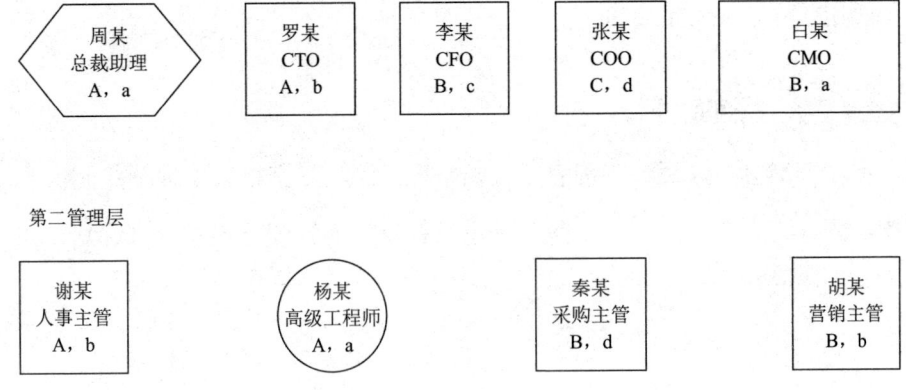

| 周某 总裁助理 A，a （六边形） | 罗某 CTO A，b | 李某 CFO B，c | 张某 COO C，d | 白某 CMO B，a |

第二管理层

| 谢某 人事主管 A，b | 杨某 高级工程师 A，a （圆形） | 秦某 采购主管 B，d | 胡某 营销主管 B，b |

图 5-4　组织结构式人才地图

图 5-4 为某企业在校准会结束后针对管理层人才编制的人才地图，主要分为两个层级，第一层级是组织的最高领导层，职位多为首席技术官（CTO）、首席执行官（CEO）、首席财务官（CFO）、首席运营官（COO）、首席市场官（CMO）等；第二层级为部门主管，多为战略目标执行者。该人才地图是如何展示每个管理者的评价维度呢？如图 5-5 所示。

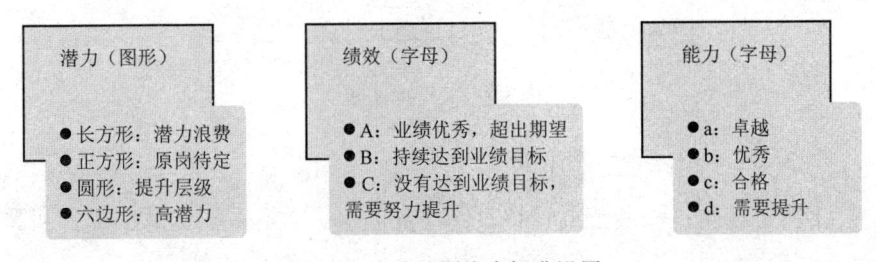

潜力（图形）
- 长方形：潜力浪费
- 正方形：原岗待定
- 圆形：提升层级
- 六边形：高潜力

绩效（字母）
- A：业绩优秀，超出期望
- B：持续达到业绩目标
- C：没有达到业绩目标，需要努力提升

能力（字母）
- a：卓越
- b：优秀
- c：合格
- d：需要提升

图 5-5　人才地图维度标准设置

通过各种图形的差异，组织结构式人才地图可直观展示不同人才的潜力高低，而用字母展示绩效和能力高低，不仅直观简便，一目了然，还能对比员工潜力与能力的差距。如在第二层级中，高级工程师杨某绩效与能力分别为 A 和 a，是很正常的；不过采购主管秦某绩效达标，能力指标仅为 d，说明其工作有些舍近求远，会耗费很多人力物力，需要学习最新的智能采购知识。

该人才地图不能描绘各类人才的分布占比，也不能对人才进行分类，一般用于领导层人才绘制。

5.2.7 人才梯队图

在校准会结束后，管理者可根据整理的团队九宫格人才地图绘制人才梯队图，将人才分为四个梯队，采用有针对性的管理方式和培训计划，如图5-6所示。

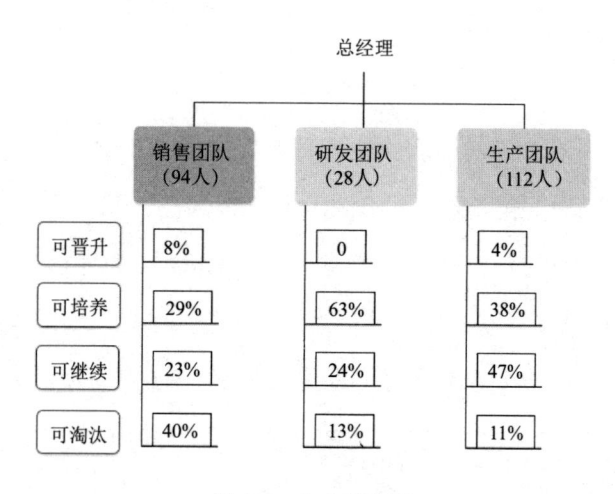

```
                        总经理
         ┌────────────────┼────────────────┐
      销售团队          研发团队          生产团队
      (94人)            (28人)            (112人)

可晋升    8%               0                4%
可培养    29%              63%              38%
可继续    23%              24%              47%
可淘汰    40%              13%              11%
```

图 5-6　人才梯队图

从图5-6中可以看到四个梯次。

①第一梯次：一般是九宫格地图中的明星人才和高潜人才，是"可晋升"的。

②第二梯次：一般指九宫格地图中的核心人才，是"可培养"的。

③第三梯次：一般指九宫格地图中的骨干人才、关注人才、待提升人才，是"可继续使用"的。

④第四梯次：一般指九宫格地图中的待优化人才，是"可淘汰"的。

人才梯队图对团队的人才状况采用色彩编码系统，用不同的颜色定义人才梯队整体情况。一般来说，红色代表预警，即该团队存在人才供应危机；黄色代表不足，即该团队人才供应有缺口，如果不好好规划，可能出现红色预警；绿色代表正常，即该团队人才供应有序，人才培养一切如常。

管理者通过颜色占比能够直观了解组织团队的健康程度，如果绿色团队占比多，则说明企业人才供应正常，需尽力保持；如果黄色团队占比较多，则要重视起来，以免造成人才危机，一定不能出现红色团队增多的情况。

除了颜色定义，通过图5-6中的各梯队数据，大家可对不同团队的人才状况有大致了解。

销售团队整体出现了红色预警，接下来企业需将重点放在销售团队上。其中，有高达40%的人员是"可淘汰"的，这意味着企业需要招聘新的人员填补空缺，否则人员供给会有很大问题，带给人事部的压力也变大了。而且，团队中可培养人才和可继续人才占比超过50%，团队培训压力很大，因此培训计划需要制订周全。

研发团队中没有"可提升"人才，会导致研发业务止步不前，好在"可培养"人才占比较多，管理者需在其中挑选高潜人才进行培养，制定培养策略。

生产团队指标基本正常，管理者只需进一步优化团队即可。

5.2.8 继任人才地图

前面介绍的人才地图还仅仅停留在人才状况的展现和总结上，在组织结构稳定的情况下，结合九宫格校准结果，管理者可绘制继任人才地图，以企业组织结构为模板，直观展示管理岗位的人才供应详情。通常继任梯队可分为三层。

①第一梯队，即刻继任（RN）：该梯队的人才符合继任岗位的人才标准，也具备业务经验，如果目标岗位有空缺，便能即刻继任。

②第二梯队，重点培养（RF）：该梯队人才虽有岗位业务处理经验，

但还不够成熟，有些工作能力并未达标，需要进一步培养才能胜任，管理者可制订一到三年的培训计划，锻炼候选人才的关键胜任力。

③第三梯队，有潜力还需长远规划（LT）：管理者可在未来三至五年关注该人才的发展，着意将其往目标岗位上发展，安排相关业务上手锻炼。

图 5-7 为依据组织架构绘制的继任人才地图，管理者可直观看到各岗位的继任情况和人才储备情况。不仅如此，人才地图还可进一步详细展示继任者详情，如图 5-8 所示。

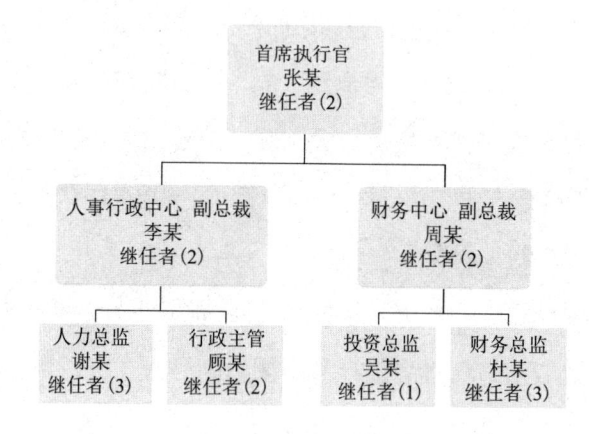

图 5-7 继任人才地图

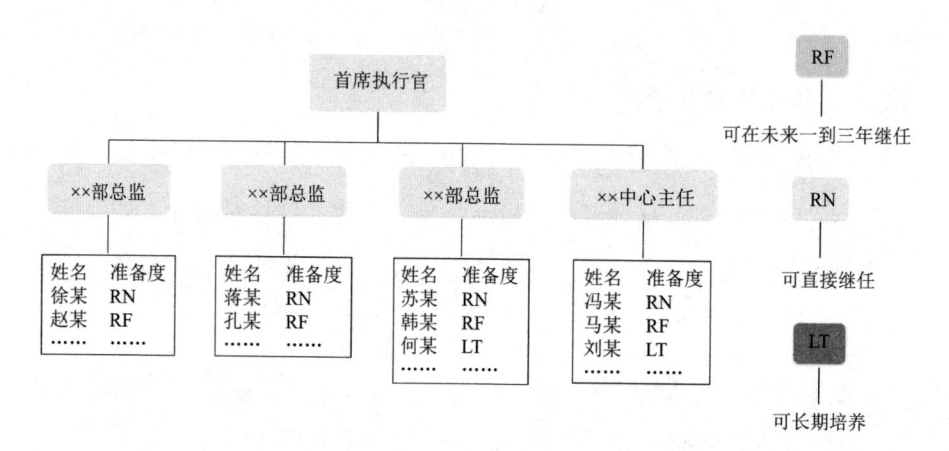

图 5-8 继任人才详情地图

为了做好人才储备计划,管理者除了绘制继任人才地图,还可以制作人才继任安排表。还是以时间线为轴,按不同的培养期划分继任人才,具体见表5-6。

表5-6 人才继任安排表

在任者	(岗位) (姓名)	(岗位) (姓名)	(岗位) (姓名)	(岗位) (姓名)	(岗位) (姓名)	(岗位) (姓名)	(岗位) (姓名)
现在可接任	(姓名) (目前职位)	(姓名) (目前职位)	(姓名) (目前职位)	(姓名) (目前职位)	(姓名) (目前职位)	(姓名) (目前职位)	(姓名) (目前职位)
	(姓名) (目前职位)	(姓名) (目前职位)	(姓名) (目前职位)	(姓名) (目前职位)	(姓名) (目前职位)	(姓名) (目前职位)	(姓名) (目前职位)
培训一年	(姓名) (目前职位)	(姓名) (目前职位)	(姓名) (目前职位)	(姓名) (目前职位)	(姓名) (目前职位)	(姓名) (目前职位)	(姓名) (目前职位)
	(姓名) (目前职位)	(姓名) (目前职位)	(姓名) (目前职位)	(姓名) (目前职位)	(姓名) (目前职位)	(姓名) (目前职位)	(姓名) (目前职位)
培训三年	(姓名) (目前职位)	(姓名) (目前职位)	(姓名) (目前职位)	(姓名) (目前职位)	(姓名) (目前职位)	(姓名) (目前职位)	(姓名) (目前职位)
	(姓名) (目前职位)	(姓名) (目前职位)	(姓名) (目前职位)	(姓名) (目前职位)	(姓名) (目前职位)	(姓名) (目前职位)	(姓名) (目前职位)

第6章

人才发展计划,释放人才潜力

人才发展是企业发展的一个分支,管理者可通过人才盘点了解人才,进而帮助人才规划将来的职业发展,提高自身能力,并在人才不断进步中提高企业的效益。

6.1 对继任者进行培养

人才校准会后,企业进入到人才培养的关键阶段。根据人才校准会的结果,各部门、各团队的管理人员开始制订人才培养计划,储备继任人才,以便调整人才结构,提高团队竞争力。

6.1.1 认识人才培养的基本需求

就企业经营来说,没有最优秀的人才,只有满足企业现阶段需求的人才。企业培养人才以经营发展的需求为准,除此之外还有以下四项需求。

①企业的可持续发展:人力资源是企业至关重要的资源,与技术资源并驾齐驱。而企业情况、外部市场情况、内部人才分布情况都在时时变化,因此人才的培养是不可断绝的,这是企业不断发展的基石。

②提高经营效益:人才能力的提升能有效提高业务绩效和产品质量,从长期来看可为企业节省不小的成本,带来更多的经济效益。

③增强企业核心竞争力:高端人才对企业的助力可体现在方方面面,包括管理、技术、生产、营销等。企业若能通过对人才的培养,提高员工的专业技能和管理能力,建立一支高精尖团队,便如同在海中航行的船只有了优秀的掌舵人,在竞争激烈的市场中占据一席之地,为长期发展打下坚实的基础。

④突破人才瓶颈:人才在同一岗位上工作久了,便会局限在固有的思维中,难以有更高更广的视野。定期培训人才,能够让其认识到自己的局限,不断学习,从而在岗位上有新的作为,做出新的成果。

6.1.2 学会挖掘中基层的"潜力股"

很多企业都将目光放在那些高端人才和管理人员身上,忽略了中基层员工。而按照企业员工占比来讲,中基层员工占到企业人数的80%左右,因此对中基层员工的培养不可忽视。

经过人才盘点后,对于日常表现和绩效成绩亮眼的中基层员工,上级应该特别注意。挖掘其内在潜能,可从以下四方面入手。

(1)制定职业发展规划

很多时候,企业管理者会忽视基层员工的职业规划和发展,多数基层员工都是自我规划,但是否适合自己就见仁见智了。

对于一些特别的基层员工,管理者也应该分出一些精力为其制定有针对性的职业发展规划。通过人才盘点,管理者对员工的职业兴趣、性格特点、能力已有全面了解,结合企业发展为其制定的职业规划,大概率能激发员工更多的可能性。

不仅如此,员工受到企业关注后,能产生工作动力和向上发展的强烈意愿,有了职业规划,更能有的放矢地参与工作。

(2)安排培训活动

要想激发基层员工的潜能,单单为其做好职业规划并不够,企业应该给予一些资源和支持,比如学习和培训的机会,让表现优异的基层员工参与企业的培训活动,提升其业务能力。

如下例所示为某企业制订的基层员工培训计划,计划中对培训基本信息、培训方式、培训考核进行了详细说明。

实用范例 某企业基层员工培训计划

为进一步提高基层员工的整体素质,实现企业20××年的战略目标,完成企业长期人才战略规划,制订该培训计划。

一、培训要求

1.培训计划以企业整体规划为基准,制定培训要求指标,并分解到部门、班组和个人。

2. 全年培训不得少于12课时，每课时不少于60分钟。

3. 培训组织方式以各部门、车间、班组为单位，选择人才盘点中的前三名参与培训。

二、培训内容

培训内容包括企业生产经营所需的各项业务能力，尤其是市场上最新的技术、技能，包括设备维修、现场管理、生产制作知识等。

三、培训方式

1. 以内部培训为主，培训讲师由各部门主管、技术员、班组组长组成。

2. 部门之间交叉培训。

3. 同行业交流学习。

四、培训职责

1. 人力资源部统筹并协调各部门的培训工作。

2. 人力资源部负责提供培训所需资料，给予必要技术支持，并监督培训活动，协助部门做好培训考核，最后做好培训档案管理。

3. 人力资源部负责组织协调部门交叉培训，并提前三日通知相关部门。

五、培训考核

1. 培训考核分为两部分：

（1）笔试

依据课程设置进行笔试考核，试卷总分为100分，60分以下为"差"；60～79分为"中"；80～90分为"良"；90分以上为"优"。

考核成绩为"差"的员工可有一次补考的机会。

（2）面谈

上级会同人事部与培训人员进行面谈，了解其学习效果并进行评分，总分为100分，60分以下为"差"；60～79分为"中"；80～90分为"良"；90分以上为"优"。

2. 笔试和面谈两项考核部分，其中有一项不及格的员工取消来年培训资格。

（3）提供展示机会

对于有潜能的员工，上级应该给予更多的晋升机会和发展空间，让员工在工作中有更大的发挥空间。可以先试着交付一些有挑战性的工作，让其充分发挥自己的能力。若是员工能顺利完成，便可交付更多困难任务，既是考验也是锻炼。

除此之外，很多企业还会设置临时项目活动，鼓励员工参与，如征文活动、创意征集、研发项目等，员工可借此表达自己的想法，在更宽广的平台上展示自己的能力和价值。在这样开放的职场环境中，基层员工会大受鼓舞，不害怕表现自己，从而更认同自己的工作，对企业产生归属感。

（4）建立内部导师制度

企业还可通过制定内部导师制度，将培训员工变成管理人员的基本职责，给予基层员工更多关注，帮助基层员工提升自己。如下例所示为某企业制定的内部导师制度。

实用范例　某企业内部导师制度

各部门经理具有培养本部门下属的职责，促使其迅速成长。同时，对于发展方向为本部门的企业其他员工也应给予关注、辅导，通过培养下属的职业能力从而提高自身的管理技能、业务技能。

1. 导师基本职责

①选择原则。导师与被辅导员工的选择本着双方自愿、平等原则，员工可以有多个导师，导师也可以有多个辅导员工。

②导师职责。导师根据员工的职业生涯规划，协助员工制订职业能力提升计划，跟踪员工学习计划执行情况，在日常工作中对被辅导员工提出的问题给予及时的指导、解答。

③员工职责。员工根据自身职业发展方向，咨询内部导师，按季度或月度制订科学、可行的职业能力提升计划，并阶段性向导师做学习情况汇报，企业会同导师、人力资源部门给予阶段性评估、指导。

2. 导师激励

①年终评优。在年终评优的过程中，优秀导师具有优先权。

②员工异动。员工在岗位调整、职务晋升中，企业将听取导师的评估和建议；导师在异动过程中，企业也将人才培养、团队建设作为其中一项考核项目。

③通报表扬。优秀的导师和员工将得到企业的通报表扬。

3. 组织作用

①组织、协调作用。负责导师、员工与组织层面的沟通工作；负责督促导师和员工达成职业辅导协议，落实职业能力提升计划；负责收集、整理辅导进度、成果信息；负责组织人才评估，促使员工从能力、职务方面迅速发展。

②支援作用。根据员工职业辅导计划与企业工作安排，负责安排培训学习计划，使导师和员工能接受行业最新知识和技术信息。

6.1.3　关键岗位要有后备军

人才盘点的重要意义之一便是提醒企业做好人才储备，尤其是关键岗位的人才储备，避免出现人才短缺的情况，造成企业经营停滞。关键岗位在企业经营、管理、技术、生产等方面起着重要作用，与企业战略目标的实现密切相关，关键岗位员工也承担着重要工作责任。

关键岗位的人才若是轻易流失，却没有替补，给企业造成的损失难以衡量，因此，管理者不仅要降低关键岗位的离职率，还要做好关键岗位的人才储备计划。具体可从以下四个步骤入手。

（1）定义关键岗位

要制订关键岗位人才储备计划，第一步便是确定组织内部的关键岗位是哪些，一般来说要满足三个条件。

①能带给企业巨大利润的岗位。

②在业务流程的重要位置。

③岗位设置稳定，不会被轻易撤销或合并。

管理者可通过九宫格地图，以盘点人才的方式来盘点岗位，以岗位价值和人才稀缺度为盘点维度，划分企业内部的岗位。图6-1中横坐标代表岗位的价值（战略价值或利润价值），纵坐标代表岗位人才稀缺度。那么，企业的关键岗位就在九宫格中②③⑥的位置上。

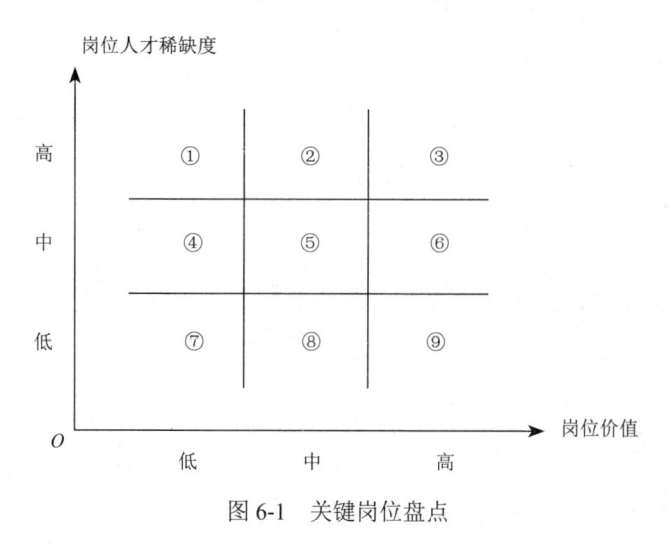

图6-1 关键岗位盘点

（2）挑选合适的"后备军"

企业管理者可通过胜任力模型对关键岗位的储备人才进行挑选，只要有关人才满足胜任力素质，相信就能够胜任关键岗位的业务工作。不过在实际操作时，管理者需要综合考核人才各方面的表现，为了节约时间，可直接利用人才盘点的结果挑选合适的人才。

（3）人才综合排序

筛选出合适的关键岗位"后备军"，管理者还需进一步对人才进行综合排序，这样可按排名前后对人才进行培养，如前三名重点培养，而其余人才则长期培养，不必急于一时。管理者可采用360度评估法对这些"后备军"进行评估，确定对应的排位。

（4）培养人才

培养人才即挑选人才进行专门的培养，管理者要制定科学、多样化的培训方案，包括关键岗位一带一、外派深造、职业培训课程等。选择适合的培训方式和内容，才能为企业打造合格的关键岗位储备人才。

为了实现关键岗位的人才储备计划，管理人员可制作人才储备培养方案，具体可参考下例。

实用范例 关键岗位人才储备培养方案

为实施企业人力资源战略，确保关键岗位人才的素质和质量，建设优秀的后备人才队伍，促进企业的可持续发展，特制定本方案。

一、关键岗位的选择

根据企业实际情况，从企业战略出发，对关键岗位的选择限定在下列范围。

1. 流动性大的重要岗位。
2. 稀缺的高级专业技术岗位。
3. 战略管理岗位。

二、人才储备的职责划分

人才储备是确保企业长期稳定发展的战略性措施，是各级管理人员的首要职责之一。企业储备工作实行直接上级负责制，具体的职责划分见表6-1。

表6-1 职责划分

关键岗位	储备工作责任人
副总裁、总监	总经理
生产部门主管、高级技术人员	副总裁
财务部门主管、高级技术人员	副总裁
营销部门主管、高级技术人员	副总裁
各部门特设副职	部门主管

三、储备标准

后备人才需满足本科及以上学历，与企业签订两年以上的劳动合同，具体储备标准分为：

1. 高层

符合岗位职务说明书任职资格要求，进入企业至少五年，人才盘点结果为"优"。

2. 中层

符合岗位职务说明书任职资格要求，三年以上本企业本职务工作经验，人才盘点结果为"优"。

3. 高级技术人员

符合岗位职务说明书任职资格要求，拥有市场最新技术能力，人才盘点结果为"优"。

四、储备人才的权利和义务

储备人才享有接受企业培训、轮岗流动、参与管理、项目建设等权利，同时，应当严格遵守企业规章制度，服从工作安排，热爱本职岗位，工作积极主动，发挥先进模范作用。

五、储备工作责任人的培养责任

储备工作责任人负有发现、推荐和培养储备人才的责任，对所属部门基本符合储备人才条件的人员，应当给予充分的培训和锻炼机会，加强业务指导和思想沟通。

按照企业人力资源部的要求，确定并推荐储备人才，制订并实施详细可行的培养计划，记录和报告储备人才培养情况。

储备工作责任人推荐和培养后备人才的工作，纳入部门绩效考核。

六、关键岗位的上岗程序

关键岗位的上岗程序主要包括以下环节：

1. 用人部门向人力资源部提出岗位空缺和人员需求申请。

2. 人力资源部对用人部门的用人申请进行编制和空缺审查，确属岗位空缺和缺编的，审定该岗位的任职资格。

3.人力资源部根据岗位需求和任职资格，检索企业储备人才库，提出拟任职人选，经与用人部门协商后，办理任职手续。

4.如用人部门认为本部门储备人才符合上岗条件，且安排上岗后有利于工作开展，经与人力资源部协商同意后，由人力资源部办理任职手续。

5.如用人部门与人力资源部在拟任人选上有争议，人力资源部提出任职意见，并将用人部门拟任人选意见提交总经理决定。

6.如该岗位储备人选较多，且用人部门与人力资源部拟任人选不统一，可以采取公开竞争上岗办法，由人力资源部组织笔试、面试、绩效考核等形式，确定上岗人员。实行公开竞争上岗办法，同一岗位参与竞争的合适人选不应少于三人。

七、储备人才的考评

后备人才的考评，除对任职业绩进行考评外，重在基本素质、发展潜能和创新价值方面。

人力资源部建立后备人才考评档案，收集后备人才所在部门经理的考评意见，后备人才培训考核成绩，后备人才参加企业项目建设、合理化建议、技术革新、企业文化活动等多方面的表现和成就，进行全面总结和综合考评。

后备人才的综合考评成绩，是其职位转换晋升、薪酬待遇调整的基本依据。

后备人才综合考评成绩为"优秀"的，可以评为"优秀人才"，晋升职务，提高岗位薪酬待遇。

考评成绩为"满意"的，可以给予更多的培训和轮岗机会，给予适当的一次性物质奖励。

考评成绩为"欠佳"的，推迟职务晋升和薪酬提高等周期。

连续两次考评成绩为"欠佳"者，取消后备人才资格，退出后备人才培养序列。

后备人才的综合考评工作由人力资源部制定方案，收集考评信息，实施定期考评。后备人才的综合考评工作，原则上每年进行一次。

6.1.4 业绩不佳，重点培训

对于人才盘点不合格的员工，管理者有两种处理方式，一是淘汰，二是重点培训，提升其能力素质，培养为对企业有用的员工。而本着节约人才培养成本的原则，只要不是无可挽回的员工，企业管理人员一般会选择重点培训，将企业现有的人力资源利用起来。

员工业绩不佳，可能由三种原因造成，要么是工作态度有问题，要么是能力素质不足，要么是人岗不匹配。企业应该根据实际原因采取有针对性的处理方式。

若是员工工作状态不好，上级领导应该给予更多关心，与员工定期沟通，给予员工想要的帮助；若是人岗不匹配，则需管理者报备人力资源部，想办法为员工调岗，让员工到更适合自己或自己感兴趣的岗位工作。

至于能力素质的问题，管理者需要制订详细的培训计划，不过要提前做好以下准备工作。

①确定岗位胜任力：针对业绩不佳的员工，管理者首先要确定其所在岗位的胜任力，这可以通过胜任力模型和绩效考核标准实现，并与岗位优秀人员和直接上级进行讨论确定。确定了岗位胜任力，便能据此制定对应的培训内容。

②记录员工的痛点：管理者以岗位胜任力为标准，对比员工的绩效表现，理清员工的不足和劣势，才能有的放矢，真正帮助到员工。如果笼统地让所有不合格员工都参与同样的培训计划，其实是浪费时间。只有真正了解员工的培训需求，才能达到培训目的。记录各个员工的短板，为其安排合适的培训课程，才是科学的做法。

③主动询问员工需要什么：员工对于自身的不足相信比任何人都更清楚，管理者应主动询问员工有无培训需求，想要什么样的培训，结合系

的分析与企业安排,更能让员工获得提升。

6.1.5 提早培养高管

企业高级管理人才在企业管理层中担任重要职务,这类人才的能力问题与继任问题对企业影响很大,因此对高管的培养便成为企业的重点工程。只有做好了高管人才储备,企业才能在扩充和转型过程中得到支持和源源不断的动力。

不过如何培养企业高管却是一个难题,既要保证质量,又要维持数量,很多企业投入大量精力,培训成果却并不突出,只因他们忽略了五大因素。

①企业的整体氛围和重视程度:只有企业自上而下将高管培养当做战略发展的一部分,才能让 CEO 和其他管理人员看到潜在人才的重要性,并设置高管培养计划,传达下级执行。

②上级的鼓励:高管人才的培养并不仅仅是参与培训课程,还体现在日常的业务工作中,领导人员不仅要激励表现优异的员工,还要懂得放权,鼓励他们承担责任,引导其走上管理之路。

③搭建高管团队:高管团队是企业发展到一定阶段,为了适应复杂多变的经营环境而出现的一种新型核心决策群体组织形态。拥有高质量高管团队的企业不仅在市场中有竞争力,还能将高管培训的成果最大化。

④设置管理副职:为了让高管人才脱颖而出,企业可设立一些管理岗位副职,给予其锻炼机会。而这个副职便是正职的培训岗,岗位人才不仅能分担正职的工作,还能在一线学习管理能力、业务处理方式。

⑤高管培养要趁早:由于高管人才需要各方面能力出众,因此难以在短时间内培养而成,对于有潜质的人才,企业必须尽早纳入培训计划中,以备不时之需。

在了解高管培训的重要性和必要性后,企业可根据需求和经营范围制定培训课程，常见的有工商管理硕士（MBA）课程、领导力提升课程、人际交往课程等，可由企业任职高管提供培训，也可从外部聘请讲师，图6-2为高管培养的三大内容。

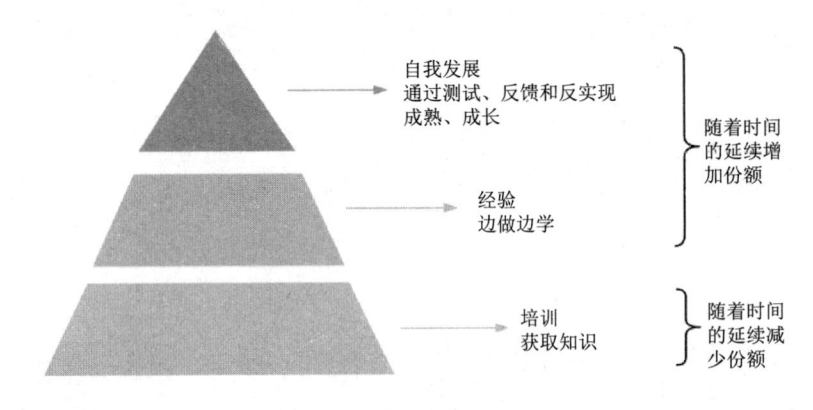

```
                  自我发展
                  通过测试、反馈和反实现
                  成熟、成长              随着时间
                                          的延续增
                                          加份额

                  经验
                  边做边学

                  培训                    随着时间
                  获取知识                的延续减
                                          少份额
```

图 6-2　高管培养内容示意图

基于企业对高管培训效果的重视，企业还要做好培训效果评估，具体有三种做法。

一是参与培训的人员自行生成培训报告，反映培训的收获及个人的意见。

二是对比参与培训前后人才的工作绩效。这是最直观反映培训效果的方式，如有提升，说明培训有效，否则便是无用功。

三是观察部门或团队整体工作状态，若是培训有效，受训者一定能在日常工作中展示自己的管理能力、决策能力，带动团队积极参与到工作中。

6.1.6　高管继任计划的制订

培养高管自然是为了有一天能够让他们挑起企业的大梁，因而培训与继任是密不可分的。企业有可供替代的高管人才，在面对重大事件及紧急情况时也能沉着稳定地应对。

一个完整的继任计划，通常包括能力评价、人才盘点、制订人才发展计划和设计培养项目四个部分，如图 6-3 所示。

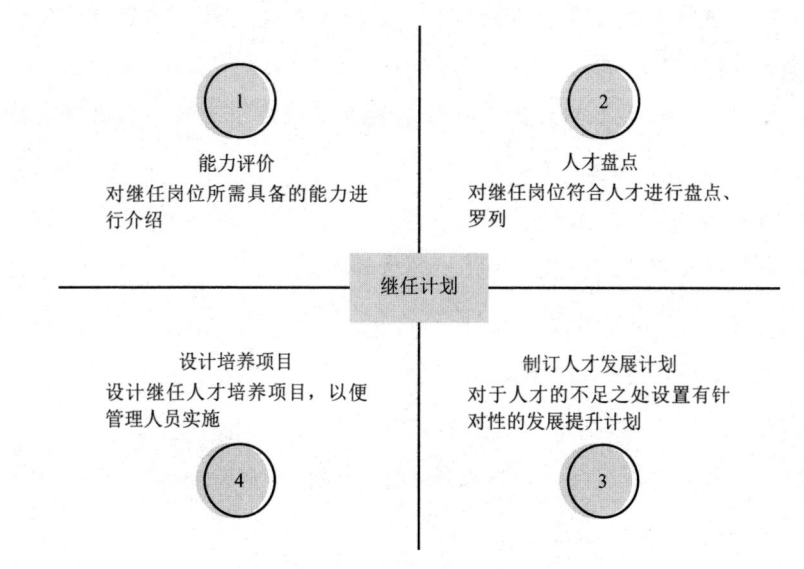

①
能力评价
对继任岗位所需具备的能力进行介绍

②
人才盘点
对继任岗位符合人才进行盘点、罗列

继任计划

设计培养项目
设计继任人才培养项目，以便管理人员实施
④

制订人才发展计划
对于人才的不足之处设置有针对性的发展提升计划
③

图 6-3　继任计划的核心内容

制订继任计划需要想好三件事，一是继任候选人的选择，一般通过人才盘点筛选高潜人才；二是继任周期，可分为即刻继任、一年内可继任、三年内可继任、五年内可继任；三是继任候选人未来的发展，可通过以下方式施行。

（1）经理人反馈计划

经理人反馈计划（MFP）通过管理效果调查、解读调查结果、召开团队反馈会议等活动，推动管理者全面认识自我，不断提升。同时让管理者的直接下属对其个人过往半年或一年的管理工作进行反馈，将反馈结果直接作为其个人未来管理能力提升的依据。

为了得到下级员工对管理者的真实评价，可设计经理人反馈计划调研问卷，如下所示。

实用范例 经理人反馈计划调研问卷

您好！欢迎参加"经理人反馈计划"调研，此次调研主要是从多维度信息反馈，了解并提升管理者的领导力。非常感谢您抽出宝贵时间积极支持管理者的领导力发展！

本次调研采用匿名形式，您的信息被严格保密，请结合具体情况如实填写。

您的上级主管是_____

1. 主管诚实守信，不欺上瞒下，不营私舞弊。

　　□同意　　□部分同意　　□不同意

2. 主管能够以身作则，要求员工做到的事情首先自身能够做到。

　　□同意　　□部分同意　　□不同意

3. 主管与员工沟通时，能够让员工感受到被尊重和重视。

　　□同意　　□部分同意　　□不同意

4. 主管通过讨论等方式，与我双向充分的沟通，帮助我清晰地理解了我的目标、职责、工作思路与重点。

　　□同意　　□部分同意　　□不同意

5. 主管明确了每个团队成员的工作安排，以及彼此的协作关系。

　　□同意　　□部分同意　　□不同意

6. 在我的职责范围内，主管给予了我所需要的信任，让我有权决定工作任务的优先级和开展方式。

　　□同意　　□部分同意　　□不同意

7. 主管不定期与我进行工作沟通（正式或非正式），充分了解我的工作情况，并及时反馈与辅导。

　　□同意　　□部分同意　　□不同意

8. 在我有需要时，主管能与我同进退，我及时地得到了来自主管的支持和帮助（启发思路、提供帮助、协调资源等）。

　　□同意　　□部分同意　　□不同意

9. 我认为我的绩效评价结果符合实际贡献。

☐同意　　☐部分同意　　☐不同意

10. 主管与我基于绩效事实充分沟通了评价结果，指出了我工作的优缺点并给予指导。

☐同意　　☐部分同意　　☐不同意

11. 主管向我清晰阐释组织和团队的目标，帮助我理解了自身工作对组织目标的贡献与价值。

☐同意　　☐部分同意　　☐不同意

12. 在工作有进展或取得成绩时，我得到了来自主管的肯定和欣赏。

☐同意　　☐部分同意　　☐不同意

13. 主管关注我的发展，帮助我明确发展方向，并采取有效的措施促进我提升专业能力。

☐同意　　☐部分同意　　☐不同意

14. 在我工作需要时，我能获得所需的学习资源或知识。

☐同意　　☐部分同意　　☐不同意

15. 我在工作中提出的观点和建议会受到大家的重视。

☐同意　　☐部分同意　　☐不同意

16. 在主管的鼓励和推动下，团队成员们互相信任和关心，并在工作中互相帮助、分享、共同成长。

☐同意　　☐部分同意　　☐不同意

17. 主管能够理解和欣赏员工间的差异，让不同国籍、性别、年龄的员工在团队中各取所长，互补互助。

☐同意　　☐部分同意　　☐不同意

18. 你认为你的主管在人员管理方面（如管理与提升绩效、激励与发展、团队建设、基础管理要求及不良管理习惯等）做得优秀和需要加强的地方有哪些？请举例说明。

高管可通过问卷调研知道员工对自己的评价，从员工的角度来审视自己的管理能力，可按照图6-4中的流程提升自己。

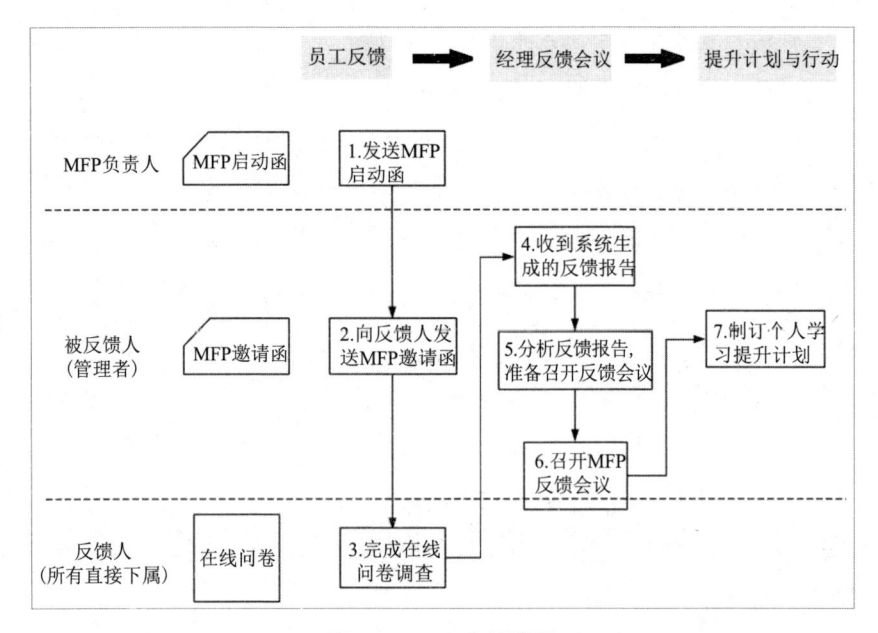

图 6-4　MFP 实施流程

（2）帮助制订高层个人发展计划

个人发展计划（IDP）指企业结合员工岗位需要和个人发展意向，双方经沟通达成的促使员工自身素质、技能提高的发展计划，可以包括参加培训、特别指导、指派特别项目、岗位轮换等。具体可从以下三个方向进行编制：

一是关注更高层的战略决策。

二是有意识锻炼管理能力，从团队领导者的角度作出决策。

三是更看重客户的想法，从企业利益出发展开工作。

下面通过某企业的中高层管理者继任计划方案，了解继任计划的一些实际内容。

实用范例　中高层管理者继任计划方案

一、继任计划编制目的

在现任部级管理人才中选拔中高层领导干部的继任候选人，包括经营、营销、研发、生产、采购、财务等部门，共选取八名。经过系统培养后形成：

（1）本公司副总、分公司总经理级岗位有一至二名明确的继任者。

（2）重要的部级岗位分职能板块有二至三名明确的继任者。

二、人才继任计划实施步骤

1. 明确关键领域和关键岗位

关键领域和关键岗位的确定需要考虑以下三方面的因素：

（1）根据企业的发展战略，确定在未来需要重点发展的业务，这些业务的经营负责人将是继任计划的考虑对象。

（2）未来几年企业将逐步实现从技术牵引到品牌领先的过渡，因此研发和营销方面的管理人才将是重要考虑之一。

（3）为实现企业战略确定的内部核心业务流程，处在这些核心业务流程关键点的领导者也要纳入考虑。比如实现品牌战略，需要先进技术，打造产品品质，因此关键岗位人才为核心零部件业务负责人、成品生产负责人。关键领域和关键岗位填写进表6-2。

表6-2 关键领域和关键岗位

层级	营销	研发	品质	生产/采购	财务
第一梯队（单位经营层）					
第二梯队（部级管理员）					

2. 明确继任候选人的选拔标准

中高层管理干部的选拔评价一般从潜力、基础素质能力和业绩三个维度进行评价。潜力测评内容见表6-3，在具体选择的时候选择在潜力、素质能力和业绩都表现良好以上的人员。

表6-3 潜力测评内容

维度	作用	测评方式
领导风格	领导风格会对团队氛围产生显著影响，进而影响整个组织绩效，通过领导风格测评帮助领导者更好地认识自我	八种领导力风格倾向测评

续上表

维度	作用	测评方式
学习能力	在知识爆炸性增长和市场信息瞬息万变的社会，优秀的管理者必须保持对新事物的敏感性和快速的学习能力	学习敏锐度测评
动机	对社会动机的认知，有助于找出自我发展的内在、长期的驱动力	社会动机测评
价值观	不同的价值观对领导者短期成长有很大影响，了解自己的价值观模式有助于更好地认识自我，从而找到工作中的最好出发点	职业价值观测评
情商	领导力是一门借助他人之力完美地完成工作的艺术，领导者的任务就是协助员工进入最佳状态中，打造情感上的共鸣——乐观积极的情绪能释放人的最大潜力	情商测评

3. 人才盘点（略）

4. 选拔高潜力的继任候选人

继任候选人的选拔一般有两种模式，封闭式选拔和开放式选拔。

（1）封闭式选拔（略）。

（2）开放式选拔（略）。

5. 候选人系统培养

继任候选人的培养是整个继任计划能否取得实效的关键步骤。根据企业的实际情况，结合外部先进企业的最佳实践经验，在继任候选人的培养方面可以采用以下方式：

（1）共性培养：

①送读MBA。目前干部队伍的管理基础能力还比较薄弱，可以通过MBA课程，系统学习管理理论、工具和方法，培养共同的管理语言。

②领导力和团队管理技能培训。借助外部培训机构的力量，引入高级管理培训课程，提高团队领导力和管理技能。

（2）个性培养：

通过对候选人进行详尽的人才盘点和评估，制订每个人的发展计划，具体的培养可以选用以下方式：

①更多的授权，扩大管理幅度。比如负责新的业务或管理更多的部门，锻炼其更高层面的领导能力。

②导师制。为候选人指定一名更高层级的有经验的管理者作为导师，

导师负责对候选人进行指导，解答管理困惑，提供及时反馈，对候选人进行阶段性总结和系统评价。

③轮岗制。要成为更高级别的管理者，丰富的各领域的工作经验是必要条件，这有利于管理者获得全面的工作技能，打破思维局限，站在更高层面思考问题。

6. 退出机制

成为继任候选人只是代表着一种培养方向，并不意味着一定会被提拔，而且如前所述，选拔候选人存在着风险，因此必须设定合理退出机制保证整个继任计划人才库处于良好的水准。具体的退出标准可以考虑：

（1）每年进行年度评价和总结，不能达到相关标准和要求的。

（2）不能按照企业要求参加相关的培养、培训项目的。

6.2 专门培养有价值的人才

人才培养也应该有针对性，企业对于内部不同类型的人才应该采取不同的培养方式，这样更能找到人才的真正价值，下面来认识一些常见的人才培养方式。

6.2.1 专门的人才个人发展计划

前面的小节中对个人发展计划有简单的解析，接下来做更详细的介绍。个人发展计划主要作用是描绘员工个人未来职业发展的路线，分析员工的兴趣、发展目标、优势、待提升能力，制订未来一段时间的员工学习计划和工作计划。

个人发展计划（IDP）一般针对企业内的明星人才而设计，通过管理者与员工的共同努力，帮助人才更好地成长。在计划实施的过程中，导师扮演的角色非常重要，需要辅导员工按计划走出职业发展的每一步。

IDP不仅对人才发展有重要价值，对于企业和导师来说也有重要作用，具体体现在图6-5的内容上。

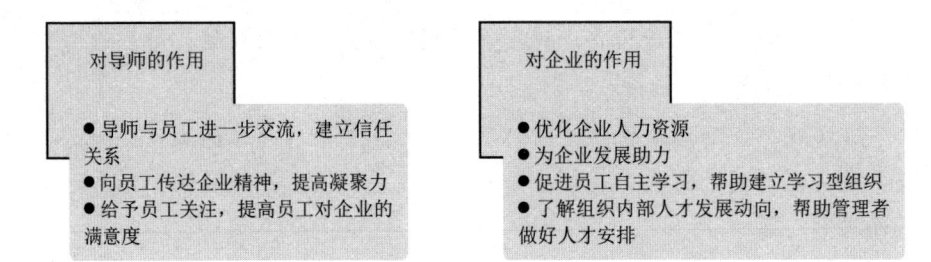

对导师的作用	对企业的作用
● 导师与员工进一步交流，建立信任关系 ● 向员工传达企业精神，提高凝聚力 ● 给予员工关注，提高员工对企业的满意度	● 优化企业人力资源 ● 为企业发展助力 ● 促进员工自主学习，帮助建立学习型组织 ● 了解组织内部人才发展动向，帮助管理者做好人才安排

图 6-5　IDP 在组织中的作用

IDP 的制定实施流程分为三个阶段——制定、跟踪、总结。具体流程如图 6-6 所示。

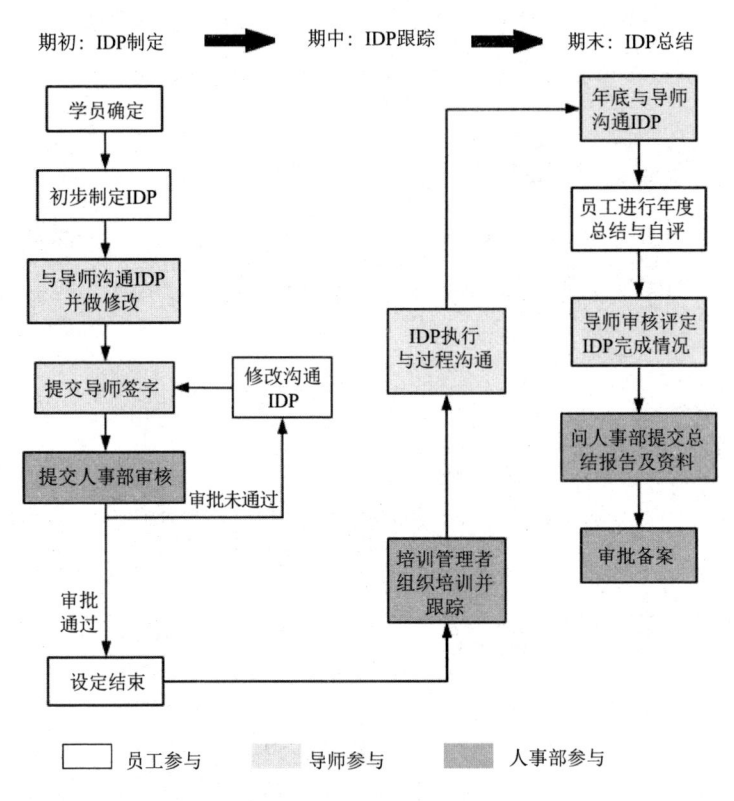

图 6-6　IDP 制定实施流程

要为高潜人才制定 IDP，管理者可以充分利用表格工具填写计划内容，具体见表 6-4。

表 6-4　IDP 表格

个人信息（以下部分由员工本人填写）							
姓名		出生日期		籍贯		性别	
集团/区域		部门		职位		入司日期	
主要教育经历	起始日期		截止日期	学校		专业	学历
^							
^							
主要工作经历（包含公司内部的调岗经历）	起始日期		截止日期	公司		部门	岗位
^							
^							
^							

个人现状总结			
优势/专长				
当前不足				
目前负责的工作/项目	具体内容		自我工作评价

个人发展目标				
职业发展目标（未来两年内的岗位目标）	本部门		其他部门	
目标工作地点				
个人发展目标	分类	目标项目	发展类别	预估完成时间
^	专业知识			
^	技能			
^	岗位能力			
^	其他			

个人发展计划（年度）				
分类	发展项目	具体内容	年中总结	年终总结
岗位成长（50%）				
自学（20%）				
经理带教（20%）				
教育培训（10%）				
直属经理意见（以下部分由主管填写）				
员工现状总结				
优势/专长				
待提高项				
员工发展计划（年度）				
分类	发展项目	具体内容	年中总结	年终总结
岗位成长（50%）				
自学（20%）				
经理带教（20%）				
教育培训（10%）				
要点及注意事项： 1. 挖掘员工个人优势、关注其成长。 2. 为员工提供成长机会，有效保留员工。 3. 为每位员工制定个性化、差异化的个人发展规划。 4. 表格内容由直接上级与员工沟通后共同制定。				

6.2.2 设计绩效改进计划

绩效改进计划（PIP）是根据员工有待发展提高的方面所制定的，在一定时期内完成有关工作绩效和工作能力改进与提高的系统计划。人才盘点后，对于那些绩效不好的人，上级可制订绩效改进计划。绩效改进计划一般包括五大内容。

①改进项目：指员工在工作能力、方式、习惯等方面需要改进和提升的地方。可以是员工表现不佳的地方，也可以是员工想要更进一步的地方。在选择改进项目时，员工最好先选择需要迫切改变的方面，懂得取舍，才能发挥绩效改进计划的最大效果。

②改进原因：明确选择改进项目的原因，或是导致工作效率不高、影响未来发展的原因，最好书写具体的事件。

③改进目标：绩效改进计划当然应该有目标，管理者要明确员工现有绩效水平，写明期望达到的绩效水平是怎样的，目标越具体越好。

④改进方式：为了达到绩效改进目标，员工需要采取各种改进方式，包括自我学习、企业培训课程、导师辅导等，管理者也要选择适合员工的改进方式。

⑤目标期限：计划的实施应该有时间期限，如半年、一年，管理者最好分解目标设置对应的完成期限，否则改进目标没有实际意义。

那么，绩效改进计划该如何制订呢？大致需要经历以下过程：

①人才盘点后，管理者与员工就绩效表现进行沟通，让员工认识到自己的优势和不足之处，就绩效未达标的项目进行分析，找到原因，提出员工有待改进的地方。

②员工与主管人员根据企业战略目标和企业未来的业绩目标，明确员工接下来的重点工作，选取员工目前最为迫切需要改进且易改进的方面作为未来一定时期内的改进项目。

③确定改进项目后，接下来管理者就要围绕项目完成要点，设置关键考核指标和权重，注意以工作效益为基准选择能产生更大影响的指标，满足SMART原则，控制指标数量。

④与员工共同制定实际的改进方案，对于员工为达成绩效目标所需要的资源进行讨论，让员工感受到企业的重视。

⑤最后一步则要确认分工,哪些是管理者应该做的,哪些是员工应该做的,都要逐一写明并实施下去。管理者在计划实施过程中也要做好监督工作,与员工随时交流,了解计划实施情况,帮助员工达成目标,形成闭环。

表6-5为某企业设计的绩效改进计划表,可帮助人才做好个人绩效改进规划。

表6-5 绩效改进计划表

姓名		所在岗位		所属部门	
直接上级		绩效改进周期	年 月 日至 年 月 日		
1.改进的内容					
待提高的方面	绩效目标	完成情况	完成时间	上级领导需提供的支持	
2.绩效改进结果评价(改进阶段结束后填写)					
自我评价					
领导评价					
员工签字			领导签字		

制订绩效改进计划和实施过程中,管理者还要注意以下一些事项:

①绩效改进计划要有实操性,要有执行步骤,应是详细而具体的。

②绩效改进计划要符合SMART原则。

③绩效改进计划的目标着眼于未来,管理者在制订与实施计划时要从长远角度出发,将员工个人发展与企业发展紧密结合起来。为了更好地帮助"企业的大多数",管理者可制定绩效改进制度,从企业制度出发,系统改进员工绩效表现,如下例所示为某企业的绩效改进与提升制度。

实用范例 绩效改进与提升制度

第一章 总则

…………

第四条 绩效改善与提升的工作重点

绩效改善与提升的工作重点包括绩效诊断、绩效改进计划的制订、绩效改进计划的实施和评价。具体可分为三个阶段,即绩效计划阶段、绩效辅导阶段、绩效考核及反馈阶段。

第二章 考核及反馈阶段的绩效改善与提升

第五条 绩效考核及反馈阶段是绩效诊断与分析的阶段。绩效诊断与分析是绩效改进过程中的第一步,也是绩效改进最基本的环节,企业各级管理人员需重视本阶段的绩效改善与提升工作。

第六条 绩效管理人员综合收集到的考核信息,客观、公正地评价员工,并在经过充分准备后,就绩效改进考核情况向员工进行反馈。

第七条 考核者与被考核者实行绩效反馈面谈工作,肯定成绩,指出不足,进行充分沟通与协商,找出关键绩效问题和产生绩效问题的原因,制定一致的未来绩效目标和绩效改善提升措施。

第八条 绩效问题诊断的分析角度

1.考虑影响团队或个人绩效的四大因素,即知识、技能、态度和环境。

2.考虑绩效考核工作涉及的三大因素,即员工本人、主管(直接上级)、绩效相关环境。

第九条　绩效改进工作重点及措施

将绩效分为不易改变、容易改变和急需改进三类，并将其列入长期改进计划，或者与绩效薪酬改进一同进行，不急需改进的暂时不列入改进计划。

第十条　解决绩效问题的方法

1. 员工（略）。

2. 经理/主管（略）。

3. 企业环境（略）。

第十一条　绩效考核反馈时，无论被考核者是否认可考核结果，都必须在考核表上签字。签字不代表被考核者认可考核结果，只代表被考核者知晓考核结果。

第十二条　被考核者如果对绩效考核结果不认可，可进行绩效申诉，具体请参考企业制定的绩效评议与申诉制度。

第十三条　面谈时，双方需及时掌握培训需求，考核者与被考核者可制定有针对性的培训措施，在人力资源部的协助下开展培训。

第三章　绩效改进计划阶段的绩效改善与提升

第十四条　制订绩效改进计划

在这一阶段，各部门经理应与员工进行充分的沟通，就绩效目标达成共识，具体包括以下内容：

1. 员工的基本情况、直接上级的基本情况，以及该计划的制订时间和实施时间。

2. 上周期的绩效评价结果和绩效反馈情况，确定需要改进的方面，明确需要改进和发展的原因。

3. 明确员工现有绩效水平和经过改进之后的绩效目标。

4. 针对存在的问题制订合理的绩效改进计划或方案等。

第十五条　拟定绩效改进计划的注意事项

1. 计划内容要有实际操作性，即拟定的计划内容需与员工待改进的绩效工作相关联，且可以实现。

2. 计划要获得管理人员与员工双方的认同，即管理人员与员工都应该接受这个计划并保证实现它。

3. 符合SMART原则，即绩效改进计划要满足具体、可衡量、可达到、相关联、有时限性五点要求。

第十六条　在绩效改进过程中可使用"绩效改进计划表"进行具体的绩效改进计划工作。

第四章　绩效辅导阶段的绩效改善与提升

第十七条　绩效辅导阶段即绩效改进计划的实施与评估阶段，管理人员应该在考核周期内，通过绩效监控和沟通，实现对绩效改进计划实施过程的控制。

第十八条　绩效管理人员需监督绩效改进计划能否按照预期进行，收集、整理绩效过程中的问题，记录绩效改进实际工作情况，及时修订和调整不合理的改进计划。

第十九条　各部门应注重在部门内建立、健全"双向沟通"机制，包括周/月例会制度、周/月总结制度、汇报/述职制度、观察记录制度和周工作记录制度等。

第二十条　绩效管理人员对于被考核者绩效改进方面的问题，应及时、准确地记录在绩效改进计划表中。

第二十一条　企业需通过前后两次绩效考核结果对绩效改进计划的完成情况进行评价，如果员工在后一次的绩效评价中有显著提高，在一定程度上说明绩效改进计划取得了一定的成效。

绩效改进计划与个人发展计划都是为了提升员工能力而设计的，很多管理者会认为二者之间没有什么差别，其实不然，下面来认识二者的差别。

①设计目标不同：IDP的目标在于提升个人能力，进而促进企业目标的实现，而PIP的目标是提高岗位效益，完成业绩目标，因而需要员工达成绩效指标。

②责任主体不同：IDP的责任主体是个人，以个人的需要和意愿为主，而PIP的责任主体是企业，是以企业战略目标为主，通过对企业目标的分解找到员工需要改进的方向。

③针对的人才类别不同：IDP一般针对企业内的"明星人才"设计，而PIP则是针对大多数表现平平的员工。

④考核力度不同：PIP设置了绩效考核目标和指标，可以监督和验证员工的完成情况，而IDP是针对个人的能力发展做出的，并没有很强的目的性，甚至没有设置考核机制。

6.2.3 普通员工的个性化培养

人才盘点之后，很多企业都将目光放在高管人员或是高潜人才上，普通员工总是被忽略。对于企业中占大多数的员工来说，企业没有重视，他们很可能由于晋升无望、能力无法提升等原因心灰意冷，进而离职。

为了保持企业人才的稳定性，在进行人才盘点后，管理者有必要将目光分一点到普通员工身上。对于那些表现不错的普通职员，上级管理者可制定更个性化的培养方式，有可能创造出意想不到的效益。普通员工的小小改变，却可带来企业整体的改变。常见的个性化培养方式有如下一些。

（1）组织交流活动

基于普通员工的数量，培训方式多以各类活动为主，而外出交流就是一种常见的培训方式。在新的环境中进行技术和业务交流，能让员工以不同的视角看待工作和自身的发展，很多时候来自外部的刺激更能带来员工的改变。

（2）共同学习

企业内部同事之间相互学习、互相影响是最简便的培训方式，通过与其他同事共同负责项目，员工能切身体会自己的不足。如安排两位员工共同负责一个项目，在讨论项目主题、流程以及其他内容时，彼此就能看到对方的观点和工作方式，并在之后工作中加以借鉴。

（3）行动学习

普通员工没有多余的培训时间，更多的时候还是在工作中学习，通过解决实际的问题不断成长。管理者可组建学习小组，让员工参与到不同的工作任务中，与其他部门的员工一起工作，看到组织内各部门的运转，进而对企业经营有更全面的了解。通过下面案例可了解行动学习的特征。

实用范例 某企业通过行动学习培训员工

某企业进入业务扩张时期，企业上下都铆足了劲努力发展业务，但仍有很多无法处理的业务难点，比如技术更新、应收账款回收慢、人才流动大等。在2024年的人才盘点活动中，副总经理发现了各部门中业绩不太亮眼的员工，为了将这部分员工利用起来，为企业发展扩张出一份力，副总经理决定通过行动学习对这些员工进行培训，同时处理一些业务难点。副总经理将这些员工分为三个小组：

一组负责市场产品技术调研，确定技术升级方向。

一组负责优化账款回收流程，缩短回收周期。

一组负责降低人才流失率，争取控制在3%左右。

每个组中不能仅有员工，还应安排负责人或导师，用以凝聚小组成员，同时引导小组成员在规定时间完成小组任务，提前完成任务的小组成员可获得企业的绩效激励。

这三个小组在规定的时间内完成了任务，让企业经营难点有所改善，且小组成员的计划能力、沟通能力、执行能力等都有了很大进步。

行动学习作为一种培训的组织模式，包含如下三层含义：

①行动学习是小组组员共同解决企业实际存在问题的过程和方法，一举两得，不仅能解决经营问题，也能促进小组成员进步。

②行动学习是员工从行动中自我学习的过程，重点在"做"，通过处理工作加强对自己的要求。

③行动学习是一种综合的学习模式，员工通过行动学习能够学习知识、

获得经验、掌握处理流程。

（4）线上培训课程

为了完成大量的普通员工的培训活动，很多企业会购买在线学习培训系统，还有很多企业会开发在线培训系统。就目前的趋势来看，越来越多的企业开始重视员工整体的提升与发展，因此，建立丰富的线上学习系统势在必行。图6-7为企业培训系统定制平台，很多企业会选择与这些平台合作。

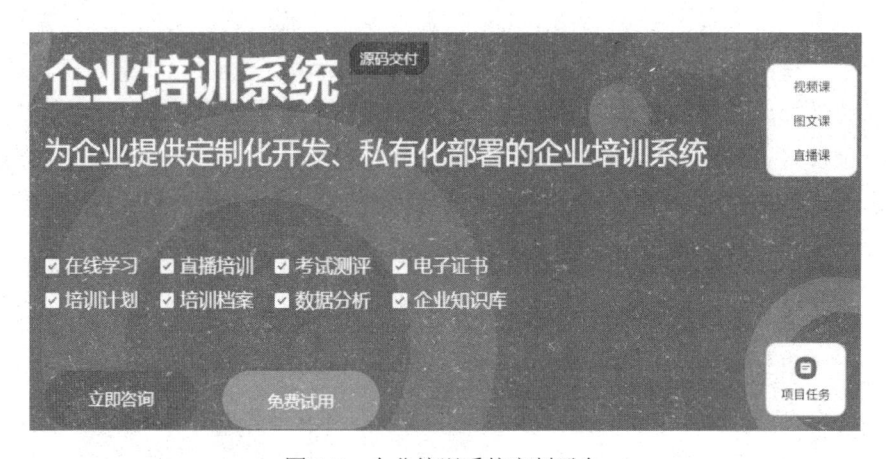

图6-7 企业培训系统定制平台

6.3 建立人才库储备各类人才

人才库（talent pool）即企业储备各类人才的场所，现代企业为了更好地管理和储备人才，会搭建人才库。在人才盘点后，每个人才都会被放置在人才库中的相应位置，以待使用。

6.3.1 建立人才库基本步骤

根据企业需求，人才库可分为不同的类型，如高层人才库、中层人才库和基层人才库，或是专业技术型人才库和储备人才库。无论什么类型的人才库，都需要一步步搭建，具体可分为六大步骤。

（1）预测企业人才需求

收集企业需要的人才是搭建人才库的根本目的，在搭建人才库之前，企业应对自身发展与所需人才有明确的定位，主要从两方面进行，一是根据企业现有人才分布确定所需储备人才；二是根据企业下一阶段的战略规划分析未来所需的新型人才。

（2）确定人才库的范围和录入内容

人才库的范围决定了日后检索的边界，有的人才库包含企业全体员工，有的人才库只录入高精尖人才，主要依据管理者的考量和搭建目的。至于人才库的录入内容，也会依据人才库的用途不同而产生变化，如有的人才库仅录入人才的基本资料（姓名、教育背景、工作经验、专业技能），而有的人才库会录入员工人才盘点结果、人才评估成绩或是个人职业规划等。

（3）收集人才资源

人才库因为人力信息的汇集而有了价值，因此最关键的一步便是对人力信息的收集。企业管理者应该不拘一格，采用多元化的渠道收集所需人才资料，常见的有招聘渠道、内推、人才中介机构、招聘网站、招聘会等。

不过人才库的资料不是简单的汇总，管理者还应进行筛选、评估，选择有价值的信息录入。现在有很多职能系统能够提取人才简历数据并规范录入重要信息。

（4）关键词定位

如果仅是信息的收集和筛选，那么人才库是一样"死"的工具，如何活用人才库，还基于进一步的信息分析和提炼。

①保证人才库信息统一、有序、格式化。

②信息和资料按主题分类，方便查找。

③按企业业务需求，提取资料中的关键词，添加人才标签，形成人才画像。

这样后期检索时能通过关键词，快速、精准地定位到目标人选。现在很多人才库系统都可智能分析提取人才库信息，生成结构化信息。

（5）完善人才管理体系

人才库的功能在不断拓展中，已不仅仅是人才收集和检索的工具了，现如今管理者可利用人才库实现人才管理，因此还应将人才评估、人才发展规划功能导入人才库中，让人才库活用于企业各项人才管理工作，包括招聘、人员晋升/离职、人才盘点等，借助数据分析协助人才管理工作逐步优化。

（6）定期维护和更新

人力资源是不断流动、变化的，因此搭建人才库不是一劳永逸的工作，企业还要定期进行维护与更新，跟进人才情况和动态，主要从三方面入手。

①了解人才最新的联系方式、就职情况。

②对于过往缺漏的人才信息及时补充。

③对于不满足企业需要的人才及时移除，并新增市场上的优秀人才。

6.3.2 智能的人才库搭建系统

现如今，搭建人才库一般会利用AI智能系统，大型企业可自己设计，中小型企业可利用在线搭建平台完成人才库搭建，常见的有麦穗、北森、金蝶等。下面简单介绍一下麦穗人才库搭建系统。

麦穗平台提供了各种人事管理产品，其中就包括数字化人才库，可助力企业高效管理人才。平台有六大主要功能。

①数据入库：支持多渠道、多格式的复杂人才数据快速入库。

②搜索功能：支持人才库海量数据的快速精准搜索。

③人才画像：用智能人才画像全方面描绘人才能力。

④人才个性化标签：给每一位人才打上个性化标签。

⑤人才批量操作：支持批量化的人才管理，自动化的人才流程推送。

⑥人才数据全景洞察：以数据为中心，将数据转化为知识，支撑企业人才决策。

图 6-8 为麦穗人才库产品使用网页。

图 6-8　麦穗人才库产品

第7章

结果运用，人才盘点作用多

人才盘点结果的运用体现了人才盘点的价值和意义，主要包括招聘、离职管理等日常人事工作，以及企业激励机制的建立。可见人才盘点结果运用的范围非常广泛，从管理、激励、个人发展等多方面影响企业。

7.1 人才招聘与人员裁减

人力资源是企业发展的重要资源之一，人力资源的缺失和过量都会为企业经营带来一定影响。通过人才盘点的各种结果数据，管理者能够提取关键信息，指导各项人事工作，其中包括人才招聘和裁减。

7.1.1 精准招聘做到人岗匹配

人才盘点后，企业内部哪些岗位缺人及人才储备不够的问题，管理者可谓一目了然，对于无法内部补充的岗位，需要企业从外部招聘人才。根据人才盘点结果，管理者可以招聘到满足企业岗位需要的人才，做到人岗匹配。

很多 HR 在招聘时常常被两大问题困扰，一是不知道招聘什么人，二是不知道招聘岗位需求。其中任何一项不弄清楚，都会造成招聘的人岗不匹配。而人才盘点让这些问题都变得不再是问题。

第一，管理者可以通过人才盘点了解企业人力资源总量、各部门人员总量、男女员工数量、各职位层级员工数量，这样哪些部门、岗位缺人可以马上知道，人事部也可以着手制作招聘计划了。

第二，人才盘点对各部门、岗位的职能进行了全面分析，并制作了胜任力模型，人事部可以马上更新岗位描述和职责，帮助 HR 精准定位到需求人才。部门可在此基础上编制招聘需求统计表，提出招聘需求，见表 7-1。

表 7-1 招聘需求统计表（月度）

需求部门	岗位名称	计划招聘人数	岗位职责	任职资格	全年编制人数	在岗人数	空缺人数

除了提出部门招聘需求，企业还可依据战略目标和人才盘点结果，制定来年的人才招聘方案，指导人事部员工接下来的工作。如下例所示为某企业的人才招聘方案。

实用范例 某企业××年招聘工作实施方案

根据企业2023年项目建设和开发需要，结合人才盘点结果，特制定企业××年人才招聘实施方案。

一、上年度招聘回顾（表7-2）

表7-2 上年度招聘情况

部室	原有人数	××年新增				试用人数	离职人数
		总人数	大专	本科	硕士及以上		

二、招聘计划（表7-3）

表7-3 招聘计划表

序号	部门	岗位	职级	拟需求人数	人才拟到岗时间	人才试用期限	人才拟招聘日期	岗位职责	招聘人才画像

三、招聘方式

按照资格审查、笔试、面试、考察、集体审议等程序进行招聘。

四、成立招聘工作机构

1. 招聘领导小组

2. 招聘监督：邀请部分职工代表参与监督；监督机构具体人员名单向全企业公布。

3. 招聘实施机构：以办公室为主，协调相关部门人员参与。

五、招聘渠道

1. 在企业网站上刊登招聘启事。

2. 委托集团企业发布招聘启事。

3. 在人才网上发布招聘启事。

4. 人才市场现场招聘。

5. 委托中介招聘有一定工作经历和业务技能的管理人才。

六、招聘策略及选人基本要求

1. 优选学历较高、工作经验丰富、业务技能较强、具有大型企业工作经历者。

2. 在招聘人员定位上，应届生要求专业对口、全日制本科以上学历；有一定工作经验的可以适当放宽学历要求。

3. 结合各部门当前人员专业、学历结构综合考虑应聘人员，避免过于偏重某一方面。

七、规范招聘程序

1. 发布招聘信息（略）。

2. 接受报名（略）。

3. 初选应聘人员（略）。

4. 通知应聘人员应聘（略）。

5. 初试（略）。

6. 复试（略）。

7. 集体审议（略）。

8. 体检（略）。

9. 报批（略）。

10. 办理聘用手续（略）。

11. 招聘总结（略）。

7.1.2 合法裁员减小损失

在市场不景气或企业转型的时候，为了节约经营成本，确保内部员工都是企业需要的人才，管理者需要进行员工裁减。如何裁减？裁减哪些人？裁减数量如何控制？这些都可以通过人才盘点来解决。

通过人员定编，管理者可确定对企业来说最合理的员工数量，对比企业现在盘点的数量，可考虑裁减掉多出来的人员数量。如人员定编得出企业员工数为138名，而企业现在共有152名员工，管理者可考虑在数量14的范围内裁减员工。

而在人才校准会后，通过人才九宫格地图，管理者可以锁定需要裁减的对象，在图7-1中，一般裁减⑦号框内的人才。

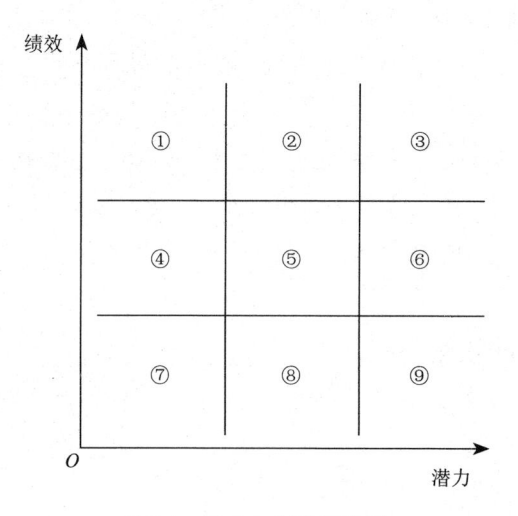

图 7-1 人才九宫格示意图

确定裁员数量和对象后，人事部就要制作对应的裁员方案，避免对企业声誉造成太大的影响。如下例所示为某企业人员优化方案，可借鉴参考。

实用范例 某企业人员优化方案

一、优化目的

因企业开发项目进度缓慢，生产经营困难，难以维系企业正常运营，需精简编制，降低成本，提高现有人员的工作效率和饱和度。

二、优化工作主要流程

1. 人事部整理在职人员名单下发给各部门负责人，各部门负责人根据九宫格人才地图进行梳理。

2. 各部门拟定优化人员名单，人事部统一整合。

3. 三级沟通（图7-2）

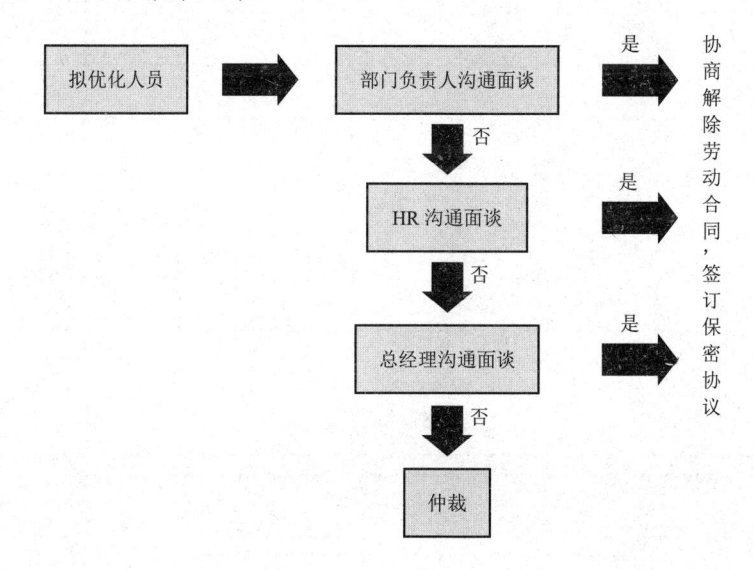

```
拟优化人员 → 部门负责人沟通面谈 ──是──→ 协
                    │                      商
                    否                      解
                    ↓                      除
               HR沟通面谈 ──是──→           劳
                    │                      动
                    否                      合
                    ↓                      同
               总经理沟通面谈 ──是──→       ，
                    │                      签
                    否                      订
                    ↓                      保
                   仲裁                     密
                                           协
                                           议
```

图7-2　三级沟通示意图

4. 通过三方沟通后，下发"劳动合同终止协议书"，并要求接到通知单的员工签字确认，由人事部负责收回回执。

5. 被优化员工应该在接到通知后根据企业规定的办理时间，办理相关工作交接手续并填写"员工离职单"。

6. 工作交接手续办理完成后，将"员工离职单"交人事部，人事部当场核算其当月工资和有关补偿金，签订"解除劳动合同通知单""保密协定"。

7. 人事部与财务部对接，在规定时间内由财务部发放工资及相关补偿后，员工需签字确认，并按指纹印。

8. 若员工拒收通知单，由人事部向当事人发送"解除劳动合同通知单"，收集仲裁所需资料。

三、赔付标准（见表 7-4，该部分不对员工公布）

表 7-4　赔付标准

部门	序号	姓名	职务	工龄	剩余年休假	经济补偿金	提前通知金	年休假支付	年终奖折算	最高赔付	最低赔付

四、优化报告书（见表 7-5）

表 7-5　员工优化表

现有员工数		拟裁员人数	
占全体员工比例		优化拟开始日期	
优化拟完成日期		优化方式	劝退/辞退
优化名单			

部门	序号	姓名	职务	入职日期	工龄	年龄	月基本工资	上年度考核	拟优化原因	预计赔偿金	总计人数

五、优化方案实施时间表

1. 20××年2月26日，人事部完成被优化员工本月工资及补偿金的核算工作，并将拟好的优化方案报企业高管讨论，报董事长审批。

2. 20××年3月3日，人事部做好优化前各项准备工作，准备好通知单及离职申请表。

3. 20××年3月1日至30日，分批逐一对各部门离职人员进行谈话。

4. 20××年3月21日至30日，被优化员工办理工作交接；人事部将核算完毕的补偿金告知员工，通知员工发放工资及补偿金的时间。

5. 为了避免群体事件等不确定性因素，实施周期可能会延续至4月。

知识扩展 注意解雇员工的法律问题

①经济补偿金的法律依据：《中华人民共和国劳动合同法》（以下简称劳动合同法）第四十七条规定："经济补偿按劳动者在本单位工作的年限，每满一年支付一个月工资的标准向劳动者支付。六个月以上不满一年的，按一年计算；不满六个月的，向劳动者支付半个月工资的经济补偿。……"

②提前通知金的法律依据：劳动合同法第四十条规定："有下列情形之一的，用人单位提前三十日以书面形式通知劳动者本人或者额外支付劳动者一个月工资后，可以解除劳动合同。……"

③未休年休假赔付的法律依据：《职工带薪年休假条例》第五条规定："……单位确因工作需要不能安排职工休年休假的，经职工本人同意，可以不安排职工休年休假。对职工应休未休的年休假天数，单位应当按照该职工日工资收入的300%支付年休假工资报酬。"

④高薪员工赔付的法律依据：劳动合同法第四十七条规定："……劳动者月工资高于用人单位所在直辖市、设区的市级人民政府公布的本地区上年度职工月平均工资三倍的，向其支付经济补偿的标准按职工月平均工资三倍的数额支付，向其支付经济补偿的年限最高不超过十二年。……"

7.1.3　降低员工流失率

企业招聘和培养人才花费了很多人力、物力，若员工频繁流动，不仅会增大企业经营成本,还要承担商业机密泄露的风险,所以避免人才流失对企业来说十分有必要。

根据人才盘点结果,管理者可以分析员工离职原因,与员工建立有效沟通,提高员工满意度。员工常见的离职原因有以下几点。

①工作环境:工作环境是很多人选择工作的一大因素,舒适、自然、干净的环境会更加吸引人才。而办公环境不好,员工办公会受到影响,久而久之就会想离职。

②没有前景:很多事业心强的员工对自己的上升空间和发展前景很看重,所以其对企业的发展有一定的要求。如果企业没有很好的发展前景,也不能向其提供更高的职位,这部分员工可能会选择离职,寻找新的发展。

③工资不高:每个人参加工作最看重的因素之一就是薪酬水平,如果付出了劳动、知识或技能,所得的报酬却不相符,他会觉得自己的劳动并没有获得尊重,从而考虑更换工作。

④上司无能:俗话说"一将无能,累死三军",在一个好的领导手下做事,员工能够学到很多东西,但是如果领导没有远见,或与自己做事的准则不符,就会让员工倍感压抑。长此以往,员工不仅不能好好工作,反而对工作没有信心,从而产生离职的想法。

⑤缺乏奖励:能力强的员工往往能给企业贡献较多的价值,无论是业务、管理还是技术提升。而贡献较大的员工如果没有获得相匹配的奖励,很容易对企业失望。如果其在工作中不能得到企业的正反馈,相信会很快寻找新的工作。

⑥工作内耗:企业的部门内耗会带来非常大的恶性循环,员工如果不能全身心投入工作,反而因为企业部门的内耗得不到较好的绩效成绩,一定会选择离开。

在对企业员工进行测评时，管理者可以了解到员工内心对企业的不满，如果符合以上任意一项，管理者应该防患于未然，及时就盘点结果做好反馈，与员工面对面交流，接受员工的意见和建议，改善企业管理，主要从以下三个方面入手。

（1）制度改善

很多时候，不合理的制度带给员工的负面影响非常直接，管理者往往难以及时察觉，所以管理者需要从员工的视角，通过人才盘点及反馈将问题敞开来谈，进而上报管理层，做出企业改革的决策。如下例所示。

实用范例 制度改善留住人才

某公司是国内非常知名的贸易公司，其客户源多、公司成立时间久，但是公司内部的员工流失率却一直居高不下，一开始并未引起管理层的重视。之后，在人才盘点活动中，管理者了解到多数员工都对公司的薪酬制度不满，通过与有关员工进行面谈，发现很多员工的薪资都低于同行业其他人员。

人力资源部将盘点反馈面谈报告上交管理层后，公司内部就立即启动了高层会议，讨论如何完善和修改薪酬制度，以期将损失降到最低。经过一段时间的整改，公司将绩效薪酬的比例调大，并给予各部门员工相应的补贴，留住了很多员工。

（2）建立离职面谈制度

降低员工流失率还可以从离职管理入手，管理者要重视离职面谈，规定离职面谈的重要性、基本流程、负责人员，通过最后一步挽留那些优秀的员工，让其看到企业的诚意和可能。如下例所示。

实用范例 离职面谈制度

1　目的

为规范企业离职管理工作，确保企业和离职员工的合法权益，通过适当的离职面谈，及时发现员工、企业存在的问题，在后续工作中加以改善，达到减少员工流失率的目的，特制定本制度。

2 范围

适用于企业全体人员。

3 职责

3.1 人力资源部：负责与提交离职申请的人员进行谈话，并做好谈话记录。

3.2 各部门：负责落实本管理制度。

3.3 员工：认真按照企业的离职流程办理离职手续，积极配合企业做好离职面谈工作。

4 离职程序

4.1 员工离职要提出书面申请，试用期内应提前七天，试用期过后的需提前一个月。

4.2 企业根据审批权限应在规定的时间内（一周）给予答复。

4.3 人力资源部会与离职人员面对面进行离职面谈，并做好相关记录归档。

4.4 审批通过后，离职人员要配合企业做好工作交接事宜。

4.5 结算工资当天，离职人员上交相关的企业物品。

5 离职面谈原则

5.1 面对面原则：离职面谈最好以面对面的形式进行，这有利于双方沟通与理解，也有利于更好地发现和从根本上消除敏感及抵触的情绪。

5.2 一对一原则：离职面谈时，最好实行一对一的面谈，这样可以提高被访谈对象的安全感，有利于接收到真实的信息。

5.3 多听少说原则：代表企业与离职者进行面谈应多听少说，给离职人员核实的空间和足够的时间，适当的时候给予离职人员善意的引导。

6 离职谈话的方法

6.1 明确谈话的目的：留住人才，如果留不住，要弄清楚原因何在，获得改善企业的一些建议。

6.2 了解离职人员的背景信息：离职谈话需要知己知彼，要达到好的效果，一定要事先了解离职人员的基本信息，以便掌握谈话的主动权。

6.3 熟悉有关法律法规和企业的有关制度，树立企业良好形象。

6.4 拟定谈话提纲：结合离职人员的工作岗位与离职原因，拟定一个谈话的提纲，通过谈话要点的先后顺序，把控谈话。

6.5 谈话现场的控制：谈话地点最好选择安静、保密性强的空间，以消除面谈者的心理顾虑。

6.6 离职谈话总结：对离职者的谈话要做好记录，并整理归档。

（3）改进招聘方式

有一些员工是因为对企业满意度不高所以想要离职，而有一些员工可能只是单纯的不合适，比如对企业的文化、管理制度、经营模式等不认可。这显然是 HR 在招聘时没有认真考量，人才盘点反馈可以帮助 HR 改进招聘方式，在招聘中选择那些更适合企业的人才。

7.2 薪酬激励让人才找到价值

企业经营以效益为重，并不是看谁干的活多工资就越高，而是谁产生的效益越多，就应当获得更高的工资。为了体现企业内优秀人才的价值，企业需要进行薪酬激励。

人才盘点通过多种维度对员工的价值和贡献进行评估，能够让薪酬激励变得更加公平，让薪酬激励的效果更佳。

7.2.1 做好人才定薪

根据二八法则，企业 80% 的效益都是由 20% 的员工创造的，对于这 20% 的员工，企业应该给予更多薪酬奖励。在为员工定薪时，除了要参考市场薪酬水平，还要参考人才盘点的测评结果，通过九宫格人才地图和高潜人才名单，准确定位关键岗位和关键人才，让有关对象获得匹配的薪资。

如下所示为某公司制定的定薪管理细则。

实用范例　定薪管理细则

1. 为优化公司的定薪管理，明确定薪标准与操作方法，保障员工薪资合理，并符合公司的薪酬体系，特制定本细则。

2. 适用于公司全体员工。

3. 价值驱动定薪原则，公司根据岗位权责、岗位价值及人才盘点结果确定岗位任职人员的薪酬，使薪酬与价值相匹配。

4. 定义如下：

4.1　定薪：公司内部员工确立职级、职等归属后，由人力资源部结合该员工的职级、职等评定该员工薪酬各板块额度的过程。

4.2　起始薪级：人力资源部根据生活成本、行业薪酬指数与水平，以及政府关于最低工资的指导意见，设置每年的起始薪级，以弥补公司薪酬水平与市场同行业薪酬水平的差异。

5　工作职责如下：

5.1　董事会：负责经理级（含）以上职位员工定薪的审批。

5.2　总经理：负责主管级（含）以下职位员工定薪的审批；经理级（含）以上职位员工定薪的审核。

5.3　人力资源部：负责就定薪情况与员工进行沟通、确认；组织实施定薪操作；每年度根据公司经营实际状况及市场情况提出关于"起始薪级"调整的建议提报批核。

5.4　各部门经理：负责本部门人员定薪审核。

6　定薪管理流程：定薪类型设置→定薪标准设置→实施→定薪确立。

7　定薪类型：定薪可分为新入职员工定薪、员工试用期定薪、员工岗位异动定薪和稀缺岗位定薪四种类型。

8　定薪实施管理要求如下：

8.1　新入职员工定薪：

8.1.1　人力资源部通过面试测评来评估竞聘人员的综合素养以确定其入职公司后的薪酬。薪酬各板块确立的主要定薪依据见表7-6。

表 7-6　主要定薪依据

薪酬板块	定薪依据
基本工资	经核算确定
星级工资	拟入职者必须参加本公司星级测评，获得星级等级后才能享有星级工资。因此，新入职者星级等级均为"0"
技能工资	拟入职者必须参加本公司技能测评，获得技能等级后才能享有技能工资。因此，新入职者技能等级均为"0"
岗位津贴	原则上新员工入职时，岗位津贴均为"0"。特殊人才由人力资源部申报经总经理审核，董事会审批后执行
奖金	拟入职者岗位归属的职级、职等对应的奖金保底额
福利	拟入职者岗位归属的职级、职等对应的福利标准

8.1.2　薪酬总额定薪：

①薪级计分表（表 7-7）。

表 7-7　薪级计分表

测评项目	计分依据			计分值	测评依据
学历	大专	本科/双学士	硕士及以上	对应分值	学历证书
	3	6	9		
专业证书	初级	中级	高级	对应分值	市级以上国家认可专业证书
	6	9	12		
工作年限	三年	五年	十年	1分/年	入职本公司之日起计
	3	5	10		
同行业经验	三年	五年	十年	1分/年	行业离职证明
	3	5	10		
同岗位经验	三年	五年	十年	1分/年	相同岗位工作经验
	3	5	10		
同等管理岗位工作经验	三年	五年	十年	1分/年	离职证明（只统计与应聘岗位同级及以上管理岗位的工作经验）
	3	5	10		
区级（含以上）特别奖励	区级（含）以上			对应分值	奖励证书等
	3				

②人力资源部根据"薪级计分表",计算出待聘员工的薪级总分。每计满3分,薪级加一级,未满则不加,核定出该待聘员工的加分薪级数。

③待聘员工的薪级等级数 = 起始薪级数 + 加分薪级数(起始薪级数为五级)。

④待聘员工总薪酬为该员工在"薪点表"(略)上的职级、职等和薪级等级数交叉点对应的数值,即为该员工的总薪酬。

……

通过科学严谨的设计,让企业内的关键人才得到较高的薪酬,不仅能有效提高员工满意度,减少离职率,还能吸引到更多优秀人才,更能激励员工不断拓宽自身潜能,创造意想不到的效益,实现正循环。

知识扩展 认识薪点表

薪点表通过对薪酬影响因素(职级、薪级)划分等级,定位不同级别的员工薪酬,见表7-8。

表7-8 薪点表

序号	职级	职务	薪级	基本工资	岗位工资	绩效工资	工龄工资	其他补贴	合计
1	一	总经理/副总经理	A						
			B						
			C						
			D						
2	二	总监/主管	A						
			B						
			C						
			D						
3	三	设计师/组长/车间主任	A						
			B						
			C						
			D						

续上表

序号	职级	职务	薪级	基本工资	岗位工资	绩效工资	工龄工资	其他补贴	合计
4	四	①采购、跟单人员；②会计、出纳；③产品录入员	A						
			B						
			C						
			D						
5	五	文员/助理/后勤人员	A						
			B						
			C						

7.2.2 进行科学调薪

员工薪资并不是一成不变的，企业需要根据其资历和创造的价值提高员工的劳动报酬，这也是留住员工的重要手段。企业调薪需要考虑以下六大因素，且并不是每次人才盘点后都要进行调薪，频率通常是几年一次，频繁调薪可能破坏企业经营的稳定性。

①地区性工资水平。

②行业因素。

③企业实力。

④岗位重要性。

⑤个人综合价值。

⑥个人期望值。

企业调薪主要分为两类，一类是根据市场变化进行统一调整；另一类是针对特殊人才、特殊岗位进行调整。在调薪过程中，管理者需要借助一些资料或数据帮助完成工作。

①薪酬调查报告：根据薪酬调查报告，管理者可以了解市场整体薪酬

水平及岗位薪酬结构，通过对比调整企业的薪酬水平，使之与市场发展相符，以此获得更高的人才竞争力。

②人才盘点结果：通过人才盘点对员工的绩效表现、能力和潜质进行评估，看到员工的综合价值，据此进行有针对性的调薪，能够激励有关人员更努力地工作，创造更多效益。

③企业财务报告：员工薪酬的支出是企业经营成本的一部分，因此薪酬总量受企业成本的制约，而且一旦调薪，后续很难有充足的理由降薪。管理者要考虑调薪是否会得不偿失，增加了企业成本是否能收获更多的利润。

为了让薪酬调整更显公平，管理者可借助一些实用的调薪工具，确定科学的薪酬比例，并通过矩阵图表找到每个岗位的薪酬位置。常用的薪酬工具有两个。

（1）薪酬区间渗透率

薪酬区间渗透率（PR）是考查员工薪酬水平的一个有用指标，可反映员工薪酬在其所在薪酬区间中的相对位置，从而了解员工个人薪酬在同岗位、同职级的员工中是高是低。

一般来说PR值在0～100%之间。PR＜0，则说明员工当前薪酬过低，不在所处职级的薪酬区间内；PR＞100%，则说明员工当前薪酬高于职级薪酬区间上限。PR值越高，说明员工薪酬在当前职级中的水平越高。计算公式如下：

薪酬区间渗透率＝（员工目前实际所得薪酬－职级薪酬区间最低值）÷（薪酬区间最高值－薪酬区间最低值）

如何利用此公式呢？下面通过一个实际案例来计算PR值。

实用范例 计算同职级员工PR值

某公司岗位职级为H2的员工张某年薪所得为36 000.00元，李某年薪所得为 51 000.00 元，王某年薪所得为 61 000.00 元。H2 职级的薪酬区间上限为 60 000.00 元，下限为 40 000.00 元，中位值为 50 000.00 元，那么这三位员工的 PR 值计算分别为：

张某 PR=（36 000.00−40 000.00）÷（60 000.00−40 000.00）=−0.2(−20%)

李某 PR=（51 000.00−40 000.00）÷（60 000.00−40 000.00）=0.55(55%)

王某 PR=（61 000.00−40 000.00）÷（60 000.00−40 000.00）=1.05(105%)

九宫格地图体现薪酬价值导向，薪酬区间渗透率控制内部公平，结合薪酬区间渗透率和人才盘点九宫格地图，管理者可以绘制薪酬矩阵，确定调薪比例，实现差异化调薪。怎么制作调薪矩阵呢？

第一步，确定矩阵横坐标与纵坐标：一般来说，横坐标为薪酬渗透率，纵坐标为人才盘点九宫格定位，见表 7-9。

表 7-9 薪酬矩阵（A）

九宫格定位/渗透率	<0	0~25%	25%~50%	50%~75%	75%~100%	>100%
③（超级明星）						不调薪或按特殊情况实施个性化的薪酬调整
②⑥（核心骨干）						
⑤（中坚力量）						
①⑨（待提升者）						
④⑧（问题员工）						
⑦（失败者）						

第二步，锚定第一个调薪系数：假设选择九宫格定位为⑤，薪酬渗透率在 50%~75% 的位置确定调薪系数为 0.1。

第三步，确定矩阵内所有位置的调薪系数：按照一定顺序逐一确定，可以先横向，再纵向；也可以先纵向，再横向。相邻矩阵格子的系数差可遵循等差原则，也可以随机设置。表 7-10 的矩阵中，九宫格定位在最后三行的员工调薪系数统一设置为 0。

表 7-10 薪酬矩阵（B）

九宫格定位 / 渗透率	< 0	0 ~ 25%	25% ~ 50%	50% ~ 75%	75% ~ 100%	> 100%
③（超级明星）	0.22	0.2	0.18	0.14	0.1	不调薪或按特殊情况实施个性化的薪酬调整
②⑥（核心骨干）	0.2	0.18	0.14	0.12	0.08	
⑤（中坚力量）	0.18	0.15	0.12	0.1	0.05	
①⑨（待提升者）	0	0	0	0	0	
④⑧（问题员工）	0	0	0	0	0	
⑦（失败者）	0	0	0	0	0	

（2）薪酬水平比率

薪酬水平比率（CR）反映员工薪酬与对应薪酬等级的中值水平之间的关系。计算公式如下：

CR= 岗位任职者现有薪酬 ÷ 岗位任职者所在级别的薪酬中位值

CR > 1，说明员工薪酬高于同级薪酬中位值；CR < 1，说明员工薪酬低于同级薪酬中位值，未达到薪酬一致性，可酌情提高员工薪酬。如何计算 CR 值呢？

某企业××岗员工周某月薪所得为 1.00 万元，该企业的薪酬体系下，××岗位所在级别的薪酬中位值为 1.20 万元 / 月。那么周某的 CR 值为：

CR=1.00÷1.20=0.83（83%）

若企业要进行调薪，可以考虑以 CR 值和人才盘点九宫格为调薪依据，并制作矩阵图表。

①人才九宫格可综合体现员工的绩效与潜能，在九宫格中级别越高，调幅也应越高。

②通过 CR 值考虑员工现工资水平，同样的九宫格级别，CR 值越低，调幅应越高。

接下来看看调薪矩阵里的这些数字是如何得出的。

第一步，将员工薪酬总额（TC）归类：按照员工的薪酬比率区间和人才盘点结果，测算所有员工的薪酬总额，合并分类，放入表7-11的矩阵中。

表7-11 薪酬矩阵（1）

九宫格定位/CR	< 0.8	0.8～0.9	0.9～1	1～1.1	1.1～1.2	> 1.2
③（超级明星）	TC1	TC2	TC3	…	…	…
②⑥（核心骨干）	…	…	…	…	…	…
⑤（中坚力量）	…	…	…	…	…	…
①⑨（待提升者）	…	…	…	…	…	…
④⑧（问题员工）	…	…	…	…	…	…
⑦（失败者）	…	…	…	…	…	…

第二步，确定企业年度调薪预算总额：假设企业当年的整体调薪预算为5%，那么企业全体员工的调薪总额不能超过全体员工年度薪酬总额的5%。

第三步，确定调薪系数：把5%作为基准点，放入矩阵的中心位置，然后以其为圆心，向上下左右四个方向递增或递减一个百分点，然后依次填满矩阵所有单元格。表7-12中以"九宫格⑤+CR值0.9～1"为圆心，且矩阵下方三行不参与调薪。

表7-12 薪酬矩阵（2）

九宫格定位/CR	< 0.8	0.8～0.9	0.9～1	1～1.1	1.1～1.2	> 1.2
③（超级明星）	9%	8%	7%	6%	5%	4%
②⑥（核心骨干）	8%	7%	6%	5%	4%	3%
⑤（中坚力量）	7%	6%	5%	4%	3%	2%
①⑨（待提升者）	0	0	0	0	0	0
④⑧（问题员工）	0	0	0	0	0	0
⑦（失败者）	0	0	0	0	0	0

第四步，测算和调整：制作好的薪酬矩阵并不是最终的，还需要参考

企业预算进行调整，很多企业管理者会结合员工的实际表现，在矩阵基础上增减调薪系数。将表 7-11 和表 7-12 中相同单元格的数据相乘，汇总的数额不能超过调薪总预算，若是超过了，便要适当调低表 7-12 中的比例，可按 1% 或 0.5% 递减。

7.2.3 如何设计年终奖

年终奖是指每年度末企业给予员工不封顶的奖励，是对一年来的工作业绩的肯定。为了激励员工，很多企业都会发放年终奖。常见的年终奖发放形式有四种。

①年末双薪制：这是最普遍的年终奖发放形式之一，很多企业尤其是外企会采用这种发放形式，即按员工平时平均月薪，在年底加发一个月至数个月的工资，普遍采用 13 薪或 14 薪。

②绩效奖金：根据个人年度绩效评估结果发放一定的奖金，不同员工的绩效奖金发放比例和数额往往差距很大，因此激励性很强。

③红包：由企业管理者随机决定，没有标准和固定规则，数额往往取决于管理者对员工工作的评价、资历等，在民企中较为多见。

④赠送福利：有的企业在年终时会通过旅游奖励、赠送保险、车贴、房贴等，鼓励员工一年的辛苦工作。

很多企业为了让年终奖发挥更大激励价值，会从不同的维度确定年终奖额度，如绩效考核系数、岗位系数、工龄系数等。下面通过案例了解企业年终奖设计要点。

实用范例 年终奖发放设计

某企业进入年末总结阶段，关于年终奖的发放，管理者主要考虑两个维度，一是企业全年效益情况，二是员工个人贡献。以企业全年利润为基数，得到的计算公式为：个人年终奖 = 全年利润 × 年终奖预算比例 × 部门业

绩系数 × 个人贡献系数。

员工的个人贡献系数可通过人才盘点结果确定，人才盘点结果越好，说明员工的表现越佳，给企业带来的效益也越多，因此对应的系数值越大。表7-13中对处于最后两行的员工取消了年终奖励。

表7-13 员工个人贡献系数表

九宫格定位	个人贡献系数
③（超级明星）	2
②⑥（核心骨干）	1.5
⑤（中坚力量）	1
①⑨（待提升者）	0.8
④⑧（问题员工）	0
⑦（失败者）	0

年终奖系数设计好后，管理者便可以据此编制年终奖管理制度，指导企业相关人员发放年终奖，激励企业员工再接再厉。

实用范例 年终奖管理制度

第一条 目的

为建设和完善公司薪酬福利管理系统，让公司员工贡献得到认可，并提高员工的工作绩效和公司的业绩，使公司持续性地发展，特制定本制度。

第二条 适用范围

1. 本制度适用于截止当年年底（12月31日）在本公司入职满六个月以上的员工。

2. 在当年年终奖发放前，有下列情况之一者，不发放年终奖：

（1）中途离职者。

（2）全年事假累计超过五天者。

（3）因日常工作疏忽造成公司损失或造成客户重大投诉的。

（4）因严重违反公司制度受到处分的。

第三条 职责

1. 行政部：负责本方案的制定、各部门考勤报表的核对、各类考核统计及工资计算，并负责工资报表的审核。

2. 总经理：负责本制度批准及每年年终奖的审批。

第四条 岗位系数

1. 职员基数为 1。

2. 业务组长/行政主管基数为 1.3。

3. 业务员主管/行政部经理基数为 1.5。

4. 业务经理基数为 2。

第五条 考核等级系数

1. A：得分为 90 分以上者，系数为 1.5。

2. B：得分为 80 分至 89 分者，系数为 1.25。

3. C：得分为 70 分至 79 分者，系数为 1。

4. D：得分为 60 分至 69 分者，系数为 0.75。

5. E：得分 60 分以下者，系数为 0。

第六条 工龄系数

1. 入职满六个月，工龄系数为 0.5。

2. 入职满一年不满三年，工龄系数为 1。

3. 入职满三年不满六年，工龄系数为 1.2。

4. 入职满六年以上的，工龄系数为 1.5。

第七条 年终奖计算方法

年终奖 = 全年平均月工资 × 岗位系数 × 考核等级系数 × 工龄系数

第八条 考核细则

1. 考勤满分为 100 分。

2. 迟到或早退一次扣 1 分，累计迟到或早退 20 次，取消年终奖资格。

3. 旷工一次扣 5 分，累计旷工两次，取消年终奖资格。

第九条 考核限制

1. 各级员工在年度内有下列情况之一者，其考核得分系数不得为 1.5。

（1）迟到或早退当年累计达十次以上。

（2）旷工一日以上。

2. 各级员工在年度内迟到或早退当年累计达 15 次以上的，其考核得分系数不得为 0.8。

第十条 分数增减

员工于年度内，曾受奖惩者，其年度考核应执行加减分数，按下列规定执行：

1. 记大功或大过一次者，加减 5 分。

2. 记小功或小过一次者，加减 3 分。

第十一条 考核程序

1. 年终奖考评每年定为一次，作为年终考核。

2. 农历春节休假前 15 日，由行政部发考核表至各部门，各部门主管须于春节前十日初步考核完毕，递交到行政部汇整，再呈报总经理复核审批。

3. 职员级年终考核由主管考评，行政部复核呈报总经理审批。

4. 主管级年终考核由部门经理考评，行政部复核呈报总经理审批。

5. 经理级年终考核由总经理考评。

6. 春节前六日，总经理全部批准完毕，由行政部转发各部门和相关人员知悉。

7. 年终奖金在春节前三天全额发放到各级员工的工资账号上。

第十二条 申诉

凡员工对考评分数不满者，可向行政部提出申诉，再呈报总经理，由总经理室裁定进行调查或维持原议。申诉日期限于考绩管理部门通知个人后两日内，逾期不予受理。

7.3 股权激励留住优秀人才

股权激励也称期权激励，是企业为了激励和留住核心人才而推行的一种长期激励机制,是最常用的激励员工的方法之一。它主要是通过附条件给予员工部分股东权益,使其具有主人翁意识,从而与企业形成利益共同体,促进企业与员工共同成长,留住高精尖人才,让企业更具竞争力。

7.3.1 确定股权激励的对象

激励对象的确定是股权激励的核心,决定了股权激励是否产生了应有的价值。由于股权激励关系到企业的长期发展和战略目标的实现,因此,激励对象必须以企业战略目标为导向,管理者须选择对企业战略最具有价值的人员。通常,企业股权激励的对象有四类。

①产生较大效益贡献者。

②企业高管。

③潜力巨大的优质人才。

④战略合作伙伴。

总的来说,企业一方面要激励创业时期的元老,另一方面,对于企业的明日之星也需要给予充分的激励。如何确定实际的人选呢?通过人才盘点结果,我们得以窥见一二。

那些规模较大的企业,高管、技术骨干、业务骨干往往人数较多,所以需要从中慎重选择股权激励的对象。人才盘点会对企业人才进行分类,得到九宫格人才地图,管理者可以此判断股权激励对象,如图7-3所示。

一般来说,九宫格中的③号框是股权激励的重点,是企业内部的明星人才;对于②号框和⑥号框也可适当进行股权激励,不过需要控制额度;⑨号框为高潜力人才,但业绩不亮眼,可进入待考察程序,在来年重点考察其业绩,若是有明显提升,便可加入股权激励名单。

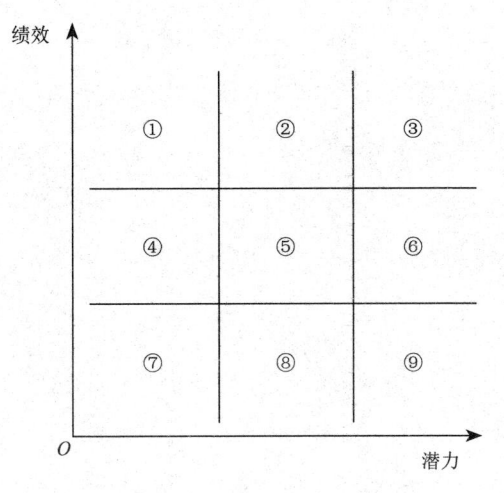

图 7-3 九宫格人才地图

如下所示为某公司股权激励制度中激励对象的入选条件及筛选程序，制度对人才盘点结果进行了利用。

实用范例 股权激励对象的入选条件及筛选程序

第十一条 激励对象入选条件

1. 公司董事（不包括独立董事）、高级管理者。

2. 公司中层管理者（位于九宫格人才地图②③⑥框）。

3. 公司核心技术（业务）人员。

4. 董事会认为对公司有特殊贡献的其他人员。

第十二条 激励对象筛选程序

1. 由各部门根据九宫格人才地图提名激励对象候选人，提交给薪酬与考核委员会。

2. 公司薪酬与考核委员会根据各部门提交的名单进行讨论及筛选，确定拟激励对象名单，将名单提交至董事会审议。

3. 由董事会审议通过并确定最终激励对象名单。

当然除了人才盘点结果，股权激励资源的分配还应考虑其他一些因素。

①职级：职级是一个客观的参考标准，职级越高，员工对企业的贡献和重要性越大。员工的能力、业绩表现、贡献通常都与职级挂钩，所以用职级可以快速圈定股权激励的范围。

②司龄：司龄是一个常用的选拔条件，司龄能在一定程度上体现员工的忠诚度和贡献度。为了鼓励老员工，企业会给予司龄长的员工股权激励。

③岗位价值：岗位价值是针对岗位评估得出的，除了高级管理岗位，企业内的特殊岗位也有值得激励的对象。如研发型企业注重研发岗位，生产型企业注重采购和生产岗位，服务型企业注重营销岗位。

④历史贡献：历史贡献是已经发生的，为企业带来了实际效益，因此，对历史贡献高的人员进行激励更加顺理成章。企业管理者需要设置贡献的最低标准，选择符合条件的人员。

7.3.2 股权激励的额度应适度

股权激励的额度是有限的，企业应该如何分配呢？

从本质上讲，股权激励实际是利益分配，如何以公平的原则分配股权激励的额度，十分考验管理者的能力，具体要从两方面入手。

（1）总量

总量是指股东在此次股权激励计划中用于股权激励的总量，是3%、5%，还是10%？这往往依据企业年终利润进行考量，需要在股东会议进行讨论。越看重股权激励的企业，股东愿意拿出的激励额度越高。股权激励的总额度是否合理，需要考虑两个因素。

①激励额度是否能达到预期的激励效果。

②企业创办人是否会因股权过度稀释而失去经营控制权。

(2) 个量

确定了股权激励的总额度后，管理者便要根据激励名单分配个人所得，有的高管能够得到 1% 的股权激励，有的高管只能得到 0.1% 的股权激励。什么造成了不同员工在分配额度上的差距呢？即员工的可持续贡献度。

如何判断员工的可持续贡献度呢？主要可从三个方面入手。

①职级。

②岗位价值，岗位价值决定贡献度的下限。

③员工人才盘点结果体现员工实际的贡献度。

通过对以上三个维度赋予系数，能够科学计算每个激励对象的激励额度。确定了股权激励的对象和额度，企业还需要编制股权激励计划，将其真正落实下去。如下所示为某企业的股权激励计划，管理者可了解股权激励计划的主要内容，借鉴参考。

实用范例 股权激励计划

一、总则

（一）目的

通过"股权激励计划"，让企业核心管理者、核心专业人员最大限度地享受企业发展带来的利益。让企业经营管理骨干转化角色，分享企业发展的成果，与原始股东在企业长远利益上达成一致，有利于企业的长远持续发展及个人价值的提升。

（二）范围

本制度适用于企业中高层的核心管理者。

二、股权激励内容

（一）股权激励目的

1. 股权激励是将企业股份或与股份有关的增值权以某种方式授予企业的高层管理者和技术骨干，使他们能分享企业成长所带来的好处的一种制度安排。

2. 股权激励是一种长期激励计划，主要影响员工将来的行为，不是对员工过去付出的激励，是对员工未来贡献的一种激励。

（二）股权激励模式

1. 企业总部职能部门：实行"在职分红"（即虚拟股份）的激励方案。

2. 各单元店：实行"超额利润"激励方案。

（三）股权激励时间及发放比例

1. 激励周期：每年（公历年）1月1日到12月31日为一个周期。

2. 分红时间：次年的1月20日前发放其应分红奖金的70%，5月30日前发放剩余分红的30%。

（四）股权激励对象

1. 对企业战略支持价值高的高管、核心管理者、核心业务骨干，主要指经理级（含）、带店店长级（含）以上。被激励的对象必须与企业签订"劳动合同""保密协议""承诺书""有条件分红协议书"等相关书面文件。

2. 被激励岗位的人员，需在企业工作满三年方能获得股权激励资格。特殊情况表现优异者，需由总经理特批，则根据转正后的实际工作月份、绩效考核分数、人才盘点结果等来计算最终的激励额度。

（五）股权激励数量（额度）

1. 企业总部激励额度：各门店达成业绩指标（即年度目标利润额100%达成），计提达标店面年度利润总额的8%为分红奖金总额，未达标店面不予计提。

2. 各单元店：根据各店面的年度营业额和利润率达标情况，提取相应的奖金进行激励。

（六）股权激励来源

股份来源采取增量（即无中生有）的方式，如果有新增加的岗位，之前被激励对象的分红股份比例会同比稀释。激励对象应关注绝对值（即所收获的分红奖金金额），而不应关注股份所占比例。举例说明：

企业拟定已发行股数为100股，若今后又增加一个人为被激励对象，假设为A，企业赠给A个人5股，则总股数变为100+5=105股，A的股份为 5/105；如果之后赠给 B 个人 10 股，则总股数变为 100+5+10=115 股，A 的股份为 5/115，B 的股份为 10/115……

（七）股权性质

被激励对象仅有企业年度分红的股权，即分红权，没有所有权、决策权、转让权和继承权。

（八）享受股权激励的条件

被激励的对象需达到年度绩效考评的要求，考核指标包括价值观、公司整体业绩指标、个人月绩效考评分数、自律项、品德项、内部客服制度、成长项，以上七个指标同时考评。

（九）退出机制

在方案有效期内，凡发生以下事由（包括但不限于），自情况核实之日起即丧失激励资格、分红资格、考核资格，取消剩余分红，情节严重的，企业依法追究其赔偿责任并有权根据企业规章制度给予相应处罚，相应处罚包括但不限于停止参与企业一切激励计划、取消职位资格甚至除名。构成犯罪的，移送司法机关追究刑事责任。

1. 因不能胜任工作岗位、违背职业道德、失职渎职等行为严重损害企业利益或声誉而导致的降职。

2. 企业有足够的证据证明乙方在任职期间，由于受贿索贿、贪污盗窃、泄漏企业经营和技术秘密、损害企业声誉等行为，给企业造成损失的。

3. 开设相同或相近的业务企业。

4. 自行离职或被企业辞退。

5. 伤残、丧失行为能力、死亡。

6. 违反企业章程、企业管理制度、保密制度等其他行为。

7. 违反国家法律法规并被刑事处罚的其他行为。

…………

有关股权激励的总量和个量需要遵循相关法律法规，如下所示：

《上市公司股权激励管理办法》第十四条规定："……上市公司全部在有效期内的股权激励计划所涉及的标的股票总数累计不得超过公司股本

总额的10%。非经股东大会特别决议批准，任何一名激励对象通过全部在有效期内的股权激励计划获授的本公司股票，累计不得超过公司股本总额的1%。……"

《非上市公众公司监管指引第6号——股权激励和员工持股计划的监管要求（试行）》规定："挂牌公司可以同时实施多期股权激励计划。同时实施多期股权激励计划的，挂牌公司应当充分说明各期激励计划设立的公司业绩指标的关联性。挂牌公司全部在有效期内的股权激励计划所涉及的标的股票总数累计不得超过公司股本总额的30%。"

7.3.3　股权激励的退出机制

股权激励制度在落地时，必须先和激励对象约定好相关的退出机制，以避免后期产生纠纷。另外，股权激励制度应该设置红线，确定好淘汰退出机制。管理者在设计股权激励的退出机制时，应考虑一些要点。

①根据企业发展规划，和员工绑定期限，设计退出前的锁定期和限制期。

②设计退出价格计算方式，让员工看到股权激励的价值。

③股权回收成本和风险要尽可能低。

④设计股权退出机制的触发条件。

常见的股权退出方式有三种，每种方式都有可行之处，下面一起来认识。

（1）直接回收

若是股权激励对象触发了丧失激励资格的条件，企业立刻无偿回收员工所获期权。这种方式风险最低，不需要员工的配合，所以很多企业会选择此种退出方式。不过为了增强激励的效果，管理者需要同时设置触发条件，这样员工能够知悉和避免。

企业直接回收的退出机制适合以期权和代持股方式进行股权激励的企业，股权并未被员工完全获得，因此实施起来也更为方便。

（2）股权回购

股权回购是中小股东的一项法定权益，指企业回购激励对象的所持有的企业股权，一旦员工触发退出条件，企业可向员工支付一定金额，向员工购买其手中的股权。

这种退出方式能让激励对象直观感受到股权激励的价值，不过会在一定程度上增加企业的经营成本。因此，采用此退出方式，企业需设置员工的行权条件和锁定期，防止员工很快套现退出。

（3）股权转让

股权转让是企业股东依法将自己的股东权益有偿转让给他人，使他人取得股权的民事法律行为。股权激励对象可将自己的股权转让给其他员工，获得有关收益。涉及股东更换，企业需要约定股权转让的条件。

如下所示为某企业股权激励协议中有关退出机制的约定。

实用范例 退出机制的约定

1.因企业自身经营原因，需调整企业人员数量或结构，企业有权按上年末每股净资产回购乙方所持全部激励股权。

2.乙方有下列行为的，甲方视情况给予乙方支付当年应分配股权分红，并按照乙方所购激励股权的原值进行回购。

…………

3.乙方有下列行为的，甲方可无须乙方同意直接回购乙方所持激励股权，且无需支付对价或只需支付乙方所购价款的_____%。

…………

退出机制中除了说明退出的方式，还要说明退出价款，退出价款的计算方式有以下一些。

①以企业的注册资金（实缴资本）为计算基数，乘以员工持有比例。

②以最近一次财务报告的企业净资产为计算基数，乘以员工持有比例。

③以第三方机构对企业的估价为计算基数（多用于互联网企业、科技企业）。

④以最近一次企业融资估值为计算基数。

⑤以约定金额为计算基数。

读者意见反馈表

亲爱的读者：

感谢您对中国铁道出版社有限公司的支持，您的建议是我们不断改进工作的信息来源，您的需求是我们不断开拓创新的基础。为了更好地服务读者，出版更多的精品图书，希望您能在百忙之中抽出时间填写这份意见反馈表发给我们。随书纸制表格请在填好后剪下寄到：北京市西城区右安门西街8号中国铁道出版社有限公司大众出版中心 王宏 收（邮编：100054）。此外，读者也可以直接通过电子邮件把意见反馈给我们，E-mail地址是：17037112@qq.com。我们将选出意见中肯的热心读者，赠送本社的其他图书作为奖励。同时，我们将充分考虑您的意见和建议，并尽可能地给您满意的答复。谢谢！

所购书名：_____
个人资料：
姓名：_____ 性别：_____ 年龄：_____ 文化程度：_____
职业：_____ 电话：_____ E-mail：_____
通信地址：_____ 邮编：_____

您是如何得知本书的：
□书店宣传 □网络宣传 □展会促销 □出版社图书目录 □老师指定 □杂志、报纸等的介绍 □别人推荐
□其他（请指明）_____

您从何处得到本书的：
□书店 □邮购 □商场、超市等卖场 □图书销售的网站 □培训学校 □其他

影响您购买本书的因素（可多选）：
□内容实用 □价格合理 □装帧设计精美 □带多媒体教学光盘 □优惠促销 □书评广告 □出版社知名度
□作者名气 □工作、生活和学习的需要 □其他

您对本书封面设计的满意程度：
□很满意 □比较满意 □一般 □不满意 □改进建议

您对本书的总体满意程度：
从文字的角度 □很满意 □比较满意 □一般 □不满意
从技术的角度 □很满意 □比较满意 □一般 □不满意

您希望书中图的比例是多少：
□少量的图片辅以大量的文字 □图文比例相当 □大量的图片辅以少量的文字

您希望本书的定价是多少：_____

本书最令您满意的是：
1.
2.

您在使用本书时遇到哪些困难：
1.
2.

您希望本书在哪些方面进行改进：
1.
2.

您需要购买哪些方面的图书？对我社现有图书有什么好的建议？

您更喜欢阅读哪些类型和层次的书籍（可多选）？
□入门类 □精通类 □综合类 □问答类 □图解类 □查询手册类
您在学习的过程中有什么困难？

您的其他要求：